はじめに

　うたあそびやダンスは、リズム感、表現力、創造力、コミュニケーション力、体を動かす楽しさ、ことばの広がりなど、さまざまな生きる力をはぐくむ、保育のなかで欠かせないもの。現役保育者として子どもたちと接するなかで、あそびを通して楽しみながら、自然にそうした力を引き出すことを、とても大切に考えています。

　本書に掲載したあそびやダンス、楽曲は、すべて子どもたちと接するなかで生まれたものです。毎日パワーにあふれ、目をキラキラと輝かせた子どもたちの心に寄り添い、興味・関心、大好きなもの、願いごとなどをキャッチして、創作してきました。それを保育の中で実践し、子どもの姿を見たうえで〝もっともっと楽しめるようにするには？〟と考え、くふうを凝らして進化させています。

　同じ保育者のみなさんにも、本書のユーモラスで新感覚のあそびやダンスで子どもたちと楽しい時間を共有し、保育に役立ててもらえたらうれしいです。

　この本で紹介しているのは、あくまでも「基本形」。目の前の子どもたちに合わせて、どんどんアレンジしてみてください。

　カツリキのうたあそびやダンスが、たくさんの子どもたちの笑顔につながることを願っています。これからもお互いがんばりましょうね！

カツリキ（みね かつまさ・岡田リキオ）

Contents

 数字は、付属CDのトラックナンバーを示しています。

 2歳児からできるあそびやダンスです。このマークのないものは、3歳児からが対象になります。

はじめに……3
目次……4
カツリキ プロフィール……6

日常のあそび

1. ケーキだいすき……8
2. むしバスターズ……12
3. せんたくロボット……14
4. ウキウキ・ワイワイ……16
5. OKとOKくっつけたら……18
6. バナナ星人……20
　※④⑤⑥はメドレーになっています。
7. おすしやさん……22
8. かみなりサンダー……24
9. ねばねばトリオ……26
10. さつまいもぐら……30
11. ジュースでカンパイ……32
12. 1・2のサンドイッチ……34
13. スーパージェット……38
14. ゴーゴーおすしーず……40
15. ワンワン探偵団……44
16. キラキラたんじょうび……46
17. ゴリラッチョ……50

ふれあいあそび

18. たこくじ……54
19. まねまねミラー……56
20. ありんこれっしゃ……58
21. かぼちゃのかぼちゃん……62

低年齢児からできるあそび

22. アイアイでんわ……66 (2歳児～)
23. ふしぎダネ……68 (2歳児～)
24. にこにこカメラ……70 (2歳児～)
25. まほうをかけたら……72 (2歳児～)
26. ホ・ホ・ホタテ……74 (2歳児～)
27. マジカルメガネ……76 (2歳児～)
28. プリン・プリン・プリン……78 (2歳児～)
29. おにぎりさん……82 (2歳児～)
30. むしむしジャンケン……84 (2歳児～)

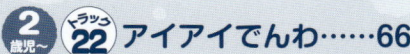

運動会・夏祭り・発表会

- トラック31 かつおぶし音頭……88
- トラック32 かっぱ体操……92
- トラック33 どんぐりマン……96
- トラック34 ダンゴムシ・ロック……102
- トラック35 サンマ・サンバ……108
- トラック36 わんぱく戦隊★アソブンジャー……112
- トラック37 きょうりゅうダンス……116
- 2歳児〜 トラック38 ワイワイうんどうかい……122
- 2歳児〜 トラック39 フルフルフルーツ……126
- 2歳児〜 トラック40 いちごひめ……130
- 2歳児〜 トラック41 コケッコーダンス……136

ほっとソング

- トラック42 もうすぐピカピカ一年生……140
- トラック43 夢がいっぱい……142

全43曲を付録CDに収録しています！

作詞：みね かつまさ　作曲：岡田リキオ　振付：カツリキ
編曲：佐藤泰将
歌手（トラックナンバー）：川野剛稔（2、3、10、13、15、20、21、32）　くまいもとこ（33）　下山吉光（34）
高瀬"makoring"麻里子（1、4、5、6、15、16、19、23、26、28、29、31、35、43）　竹内浩明（9、11、12、14、17、18、22、27、35、36、37、38、43）　恒松あゆみ（39）　米澤 円（7、8、20、21、24、25、37、40、41）
ひまわりキッズ（36、38、42、43）　のくちキッズ（16、22、30）　カツリキ（3、4、6、7、30、31、35）
音楽ディレクター：渡辺有賀
録音エンジニア：川上真一
制作協力：日本コロムビア、VERYGOO
※CDに収録している音源と楽譜は、一部異なる部分があります。

■CD取り扱い上のご注意
●ディスクは両面とも、指紋、汚れ、キズなどをつけないように取り扱ってください。●ディスクが汚れたときは、メガネふきのような柔らかい布で、内周から外周に向かって放射状に軽くふき取ってください。レコード用クリーナーや溶剤等は使用しないでください。●ディスクは両面とも、鉛筆、ボールペン、油性ペン等で文字や絵をかいたり、シールなどを貼付しないでください。●ひび割れや変形をしたり、接着剤等で補修したディスクは、危険ですから絶対に使用しないでください。
■CD保管上のご注意
●直射日光の当たる場所や、高温・多湿の場所には保管しないでください。●ディスクは使用後、元のケースに入れて保管してください。
このCDは権利者の許諾なく賃貸業に使用すること、個人的な範囲を超える使用目的で複製すること、また、ネットワーク等を通じてこのCDに収録された音を送信できる状態にすることが、著作権法で禁じられています。

ぼくたちふたりでカツリキです！

カツ先生
（みね かつまさ）

主に作詞を担当。超がつくスイーツ男子で、虫博士。いくつになっても少年の心を忘れない、おちゃめなアイデアマンです。

ひさみ幼稚園副園長
（埼玉県東松山市）
東京家政大学講師

リキオ先生
（岡田リキオ）

主に作曲を担当。魚つりが得意なアウトドア派。園でも大人気の男性保育者。音楽的センスと表現力がキラリと光るパフォーマーです。

ひさみ幼稚園勤務・学年主任
幼稚園教諭

カツリキプロフィール

現役保育者・カツ先生とリキオ先生によるうたあそびユニット。平成15年結成。
保育現場での経験を生かして創作する、子どもたち向けの、親しみやすく楽しいうたあそびやダンス、楽曲が大人気。
保育雑誌『PriPri』（世界文化社）にうたあそびコーナーを連載。全国各地で保育者研修会の講師を務めるなど、活動の場を広げている。

カツリキの情報はこちら！

公式ホームページ
www.hisami.info/katuriki/index.html

公式Twitter
https://twitter.com/katu_riki

日常のあそび

園庭で、室内で、活動の合間に……。
ふだんの保育で、いつでも、どこでも、
だれとでも、簡単に楽しめるあそびが
いっぱい！　どんどんアレンジして
楽しみましょう。

3歳児〜 トラック1

ケーキだいすき

日常のあそび

ケーキ　だいすき　ケーキ　だいすき
ケーキだ　ケーキだ　フワフワフー
いちごが　のってる　ショートケーキ
くりくり　おやまの　モンブラン
とろーり　なめらか　レアチーズ

チョコチョコ　たべたい　チョコケーキ
ベリー　グッドの　ベリータルト
ぐるぐる　うずまき　ロールケーキ
おすきな　ケーキを
はい　どうぞ

カツリキ先生より

新たな日々が始まり、緊張や不安でいっぱいの子どもたち。そんな時期だからこそ、子どもたちが大好きなケーキの手あそびをしませんか？おもしろい動きで、きっと盛り上がりますよ。

ケーキだいすき

日常のあそび

1 ケーキ　だい　　　すき　　　　　　**2** ケーキ　だい　　　　すき

右手をパーにして顔の横に置き、
「♪すき」で上へ伸ばす。左手は腰に添える。

1と同様に。

3 ケーキだ　ケーキだ　　　**4** フー　　　　　　**5** いちごが　のってる
　　フワフワ

拍手を6回する。　　両手を前に出して、　　両手の指先を合わせて、
　　　　　　　　　息を吹きかける。　　　逆三角形をつくる。

6 ショートケーキ　　**7** くりくり　おやまの　　**8** モンブラン

5の形をくるんと回転させて　　頭をなでるように　　両手の指先を頭の上で合わせて、
頭の上にのせる。　　　　　　両手をまわす。　　　山の形をつくる。

ケーキだいすき

9 とろーり なめらか

左手の指先から腕の内側を右手でゆったりと3回なぞる。

10 レアチーズ

「♪チーズ」でピースサインをする。

11 チョコチョコ たべたい

両手の親指とひとさし指で半円をつくり左右に揺れる。

12 チョコケーキ

11 の形のまま、両手の親指とひとさし指どうしをくっつける。

13 ベリー グッドの

片手ずつ、親指とひとさし指で輪をつくる。

14 ベリータルト

両手は **13** の形のまま、おでこに当てる。

15 ぐるぐる うずまき ロール

ひとさし指を前に出して、ぐるぐるまわす。

16 ケーキ

15 の流れでぐるぐるまわしながら腕を上げていき、「♪キ」で頭の上でひとさし指をくっつける。

ケーキだいすき

日常のあそび

17 おすきな	ケーキを	18 （休み）	19 はい どうぞ

右手を前から右横に広げる。	左手も同様に広げる。	拍手を2回する。	「♪どうぞ」で両手のひらを前に差し出す。

もっと楽しい ワクワクアイデア

その❶ ケーキを食べちゃえ！

「歌に出てくるケーキで何が好き？」と聞いて、みんなでそのケーキを食べるまねをしよう！ 次にうたうときには食べたケーキの名前を抜いてうたうよ。

● 例えば「ショートケーキ」を食べたら……

「♪いちごがのってる
（ンーンンーン）
くりくりおやまのモンブラン」

その❷ 新しい振りつけを考えよう！

「歌に出てこないもので、好きなケーキはある？」と聞いて、新しい振りつけを考えてみよう！ 振りつけができたら、替え歌にしてみんなでうたおう！

◀子どもたちとのあそびから
アイデアをふくらませるリキオ先生

しましまもようの
ミルフィーユ

11

むしバスターズ

3歳児〜　トラック2

それ　いけ　むしバスターズ
ゴーゴー　むしバスターズ
わるい　むしを　たいじするぞ　オー！
（カカカ）（ハエハエハエ）（ゴキゴキゴキ）

カツリキ先生より

悪い虫、怖い虫を退治するつもりで、体を動かしながら、リズミカルに音を出して楽しむうたあそびです。

もっと楽しい **ワクワクアイデア**

虫の数を増やすと楽しさ倍増！

はじめは「カ」「ハエ」「ゴキ」と1回ずつやってみて、慣れてきたら、虫の数をどんどん増やすと、楽しさもどんどん増していきますよ！

むしバスターズ

1

右のこぶしを握り、上へ4回突き上げる。左手は腰に。

2

右ひじを地面と水平に曲げて、胸に当てる。

3

そのまま、右斜め上に右腕を伸ばす。

4 ゴーゴー
むしバスターズ

1〜3をくり返す。

5 わるい むしを
たいじするぞ

両手を握り、4回上げ下げする。

6

右のこぶしを上へ突き上げる。

7 （カ）

両手でパチンとたたく。

8 （ハエ）

左腕をバシッとたたく。

9 （ゴキ）

右足でドンとふみつける。

せんたくロボット

3歳児〜 トラック3

日常のあそび

せんたくロボット　なんでも　ピカピカ
せんたくロボット　ぐるぐる　ピカピカ　パカ
ズボン　（ぐるぐる）　くつした　（ぐるぐる）
パンツ　（ぐるぐる）　ふとん　（ぐるぐる）
ティッシュ（ガクン　ガクン　ガクン　ガクン　ガクン　ガクン）

カツリキ先生より

どんながんこな汚れもきれいにしてくれる、せんたくロボット。子どもたちとせんたくロボットになって、いろいろな洗濯物をぐるぐると洗いましょう。でも、洗えないものを入れてしまうと……！　突然、故障してしまうようすもユーモアいっぱいに表現してみてください。

もっと楽しい ワクワクアイデア

その１　新しい○○ロボットを作ろう！

冷蔵庫、電子レンジ……
家にあるいろいろなものをロボットにしてうたおう！
●例えば……
「れいぞうこロボット」に冷やしておくものを入れて
「なんでもヒエヒエ　パカ」「ジュース（ヒエヒエ）」

その２　これを入れると……？

入れると壊れてしまうものを続けて、最後に「ボン！プシュ〜」と倒れよう！
●例えば……
「泥だんご（ガタガタ）」「シャベル（ガタガタ）」
「パソコン（ボン！　プシュ〜）」

せんたくロボット

日常のあそび

1 せんたく　　→　　ロボット

2 なんでも
ピカピカ

両ひじを直角に曲げ、指をまっすぐそろえ、
上下に腕を4回振りながら、顔は左右に4回動かす。

ピカピカしているように、
グーパーを4回くり返す。

3 せんたく
ロボット
ぐるぐる
ピカピ

4 カ

5 パカ

1 **2** の動きと同様に。
グーパーの回数は2回に。

手をグーにして、
胸の前で両腕を重ねる。

扉が開くように、両腕を左右に開く。

6

（ぐるぐる）　　　　（ガクン　ガクン…）

保育者がせんたくロボットに
入れるアイテムを自由に言う。

洗えるもののときは、
かいぐりする。

洗えないもののときは、自由に
ガタガタと壊れたような動きをする。

ウキウキ・ワイワイ

3歳児〜
トラック 4

1.
ウキウキワイワイ　おさるが　ウッキー
ウキウキワイワイ　こいぬが　ワン
みんなで　いっぱい　あそぼうよ

2.
ウキウキワイワイ　こねこが　ニャー
ウキウキワイワイ　こぶたが　ブー
みんなで　いっぱい　わらおうよ

3.
ウキウキワイワイ　ぞうが　パオーン
ウキウキワイワイ　ライオンが　ガオー
みんなで　いっぱい　おどろうよ

カツリキ先生より

簡単にできる、ゆかいな動物まねっこあそび。つい口ずさみたくなるメロディーで低年齢児からでも楽しめます。鳴き声やポーズをオーバーに表現すると、とっても盛り上がりますよ！

ウキウキ・ワイワイ

日常のあそび

1番 **1** ウキウキワイワイ

両手をグーにして両わきを4回締める。

2 おさるが

両わきをぎゅっと締める。

3 ウッキー

自由にさるのまねをする。

4 ウキウキワイワイ

1 と同様に。

5 こいぬが

2 と同様に。

6 ワン

自由にいぬのまねをする。

7 みんなでいっぱい

両手を上げて、手招きする。

8 あそぼうよ

拍手を2回してから、両手を上げる。

★ **2番** **3番** は、**3** **6** を以下のようにする。

2番 **3** ニャー

自由にねこのまねをする。

6 ブー

自由にぶたのまねをする。

3番 **3** パオーン

自由にぞうのまねをする。

6 ガオー

自由にライオンのまねをする。

もっと楽しい ワクワクアイデア

その1 いろいろな動物になってみよう！
登場する動物を替えて、いろいろな動物のまねを楽しもう！ とっさに鳴き声や動きができるかな？
●例えば……
ゴリラが　ウホウホ！
かえるが　ケロケロ！

その2 なんでもまねっこしてみよう！
動物だけでなく、乗り物やキャラクターのまねをしても楽しいね！ 慣れてきたら、子どもたちに変身するもののアイデアを出してもらおう！

OKとOKくっつけたら

3歳児〜　トラック5

日常のあそび

1.
みぎてを　くるくるりん　OK
ひだりてを　くるくるりん　OK
OKと　OK　くっつけたら
さくらんぼちゃん　とっても　かわいい
さくらんぼちゃん

2.
みぎてを　くるくるりん　OK
ひだりてを　くるくるりん　OK
OKと　OK　くっつけたら
おばけだぞ　ぎょろぎょろ　めだまの
おばけだぞ

カツリキ先生より

両手でつくるOKポーズが何に変わるのか、ワクワクする手あそび。「さくらんぼちゃん」のところはかわいく、「おばけだぞ」のところは低く太い声で歌うと、子どもたちが喜びますよ。

もっと楽しい ワクワクアイデア

OKとOKで何つくる?

OKとOKをほおにくっつけたらたこ焼き、頭上でガシガシ動かしたらくわがた。ほかには何ができるかな？みんなで考えて替え歌にしてあそぼう！

OKとOKくっつけたら

日常のあそび

1番

1 みぎてを   **2** くるくるりん   **3** OK   **4** ひだりてを くるくるりん OK

グーにした右手を顔の横に上げる。　　右手の手首をまわす。　　親指とひとさし指で輪をつくる。　　右手はそのまま **1**〜**3** を左手で。

5 OKとOK　　**6** くっつけたら　　**7** さくらんぼちゃん　　**8** とっても かわいい さくらんぼちゃん

そのまま片手ずつ前へ出す。　　つくった輪を近づけていく。　　両手を胸の前でくっつける。　　そのまま両手を左右に揺らす。

2番　　**7** おばけだぞ　　**8** ぎょろぎょろ めだまの おばけだぞ

★**2番**は、**7** **8** を以下のようにする。

1番 の **7** の形のまま顔につけ、輪からのぞく。　　そのまま左右に揺れる。

3歳児〜 トラック6 バナナ星人

バナバナバナバナ　バナナせいじん
みかづきユーフォーで　やってきた
かわ　むいて　かわ　むいて
バナナロケット　はっしゃだぞ
3・2・1　プシュー！

カツリキ先生より

子どもたちは、「♪プシュー」と勢いよくジャンプするところが大好きで、何回もリクエストが出るほどです。バナナのお面を頭につけて、みんなでバナナ星人ごっこをすると楽しさが倍増しますよ！

もっと楽しいワクワクアイデア

新しい○○星人を呼ぼう！

すいか星人、ぶどう星人……
いろいろな星人に替えて歌おう！
果物に合わせて2のポーズを変えてもよいね。

●例えば……
「♪すいすいすいすいすいか星人
しましまユーフォーでやってきた」

バナナ星人

1 バナ　　　　バナ　×2

両手を胸に当て、
左右に広げる動きを2回くり返す。

2 バナナせいじん

手のひらを
頭の上で合わせる。

3 みかづきユーフォーで
やってきた

手のひらを合わせたまま、
S字を描くように下ろす。

4 かわ　むいて　かわ　むいて

バナナの皮がむけるように、
片方ずつ横に腕を広げる。

5 バナナロケット
はっしゃだぞ

手のひらを
頭の上で合わせる。

6 3・2・1

カウントダウンに合わせて、
両手を下げていく。

7 プシュー！

下げた手を上げ、
その場で、勢いよくジャンプする。

おすしやさん

3歳児〜　トラック7

1.
※おすし　おすし　おすしやさん　とっても　やすいよ　おいしいよ
　いろんな　おすしを　はい　どうぞ！
　ちゅうとろ（パク）サーモン（パク）いくら（パク）うに（パク）
　かっぱまき（パク）おいなりさん（パク）おちゃ（ズズズズズズー）

2.
※くり返し
　たこ（パク）いか（パク）えび（パク）かんぴょうまき（パク）
　たまご（パク）あなご（パク）いちご（ブー）

カツリキ先生より

おすしを握るしぐさをすれば、気分は大好きなおすしやさん！　いろいろなネタが出てくるのこの歌は、お店やさんごっこをする時にうたっても盛り上がります。

もっと楽しいワクワクアイデア

回転寿しにあるメニューも入れてみよう！

「回転寿しにあるメニューは何かな？」と聞いて、おすし以外のネタ（？）を子どもたちと考えてもいいですね。

●例えば……
「ラーメン（ツルツル）」「ケーキ（パクッ）」
「わさび（ツーン）」

おすしやさん

1 おすし おすし おすしやさん

左の手のひらを上に向け、右手の人さし指と中指をそろえて、おすしを握る動作をする。4回くり返す。

2 とっても やすいよ おいしいよ

上に向けた左手から、ひとつずつおすしを配る。左から右へ、4回くり返す。

3 いろんな おすしを

両手のひらを上に向けてくっつけ、お皿の形に。そのまま時計まわりに1回転する。

4 はい どう

手拍子を2回する。

5 ぞ

両手のひらを前に差し出す。

6 ちゅうとろ

※おすしのネタを言う。

左の手のひらを上に向け、お皿の形に。右手でおすしをつまむしぐさをする。

7 （パク）　　　　　　　　　（ブー！）

おすしのネタなら、口に運んで「パク」！

おすしのネタではないときは、両手を交差して「ブー！」。

3歳児〜 トラック8 かみなりサンダー

かみなりさんだ　かみなりさんだ
かみなりサンダー
おいらと　いっしょに　あそぼうよ
ザーザーザー　ゴロゴロゴロ
ピカピカピカ　ドンドンドン
ゴロピカドン

カツリキ先生より

「かみなりさん」の雷の音に合わせて、それぞれポーズをとる楽しいあそびです。瞬時に耳やおへそを隠したりして、大はしゃぎすることまちがいなし！

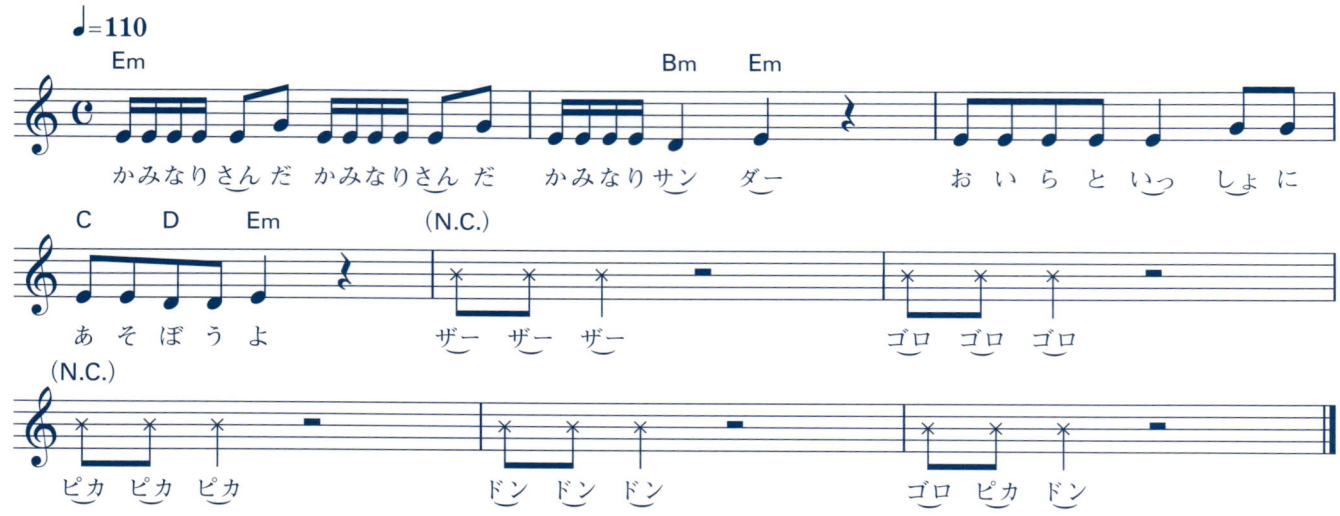

もっと楽しいワクワクアイデア

座ったままでも楽しい！

座ってあそぶ場合は、「ゴロピカドン」で別のいすへ移動し合っても盛り上がりますよ。

◀「ゴロゴロゴロ」で耳を覆う子どもたちとリキオ先生

かみなりサンダー

日常のあそび

1 かみなりさんだ
かみなりさんだ
かみなり

ひとさし指をつのにみたて、
頭の上につける。
3回くり返す。

2 サンダー

両手のひらを合わせ、斜め右上
から左下へ、勢いよく振り下ろす。

3 おいらと
いっしょに
あそぼうよ

両方の親指を立て、
自分をさし示す動きを
4回くり返す。

4

ザーザーザー

頭を両手で押さえる。

ゴロゴロゴロ

耳を両手で覆う。

ピカピカピカ

目を両手で覆う。

ドンドンドン

おしりを両手でおさえる。

ゴロピカドン

おへそを重ねた
両手で隠す。

いろいろな音に合わせてポーズをとる。

ねばねばトリオ

3歳児〜 トラック9

1.
ねばねばねば　ねばねばねば
えいよう　たっぷり（ちゃんと　たべねば）
ねばねばねば　ねばねばねば
ねばねばトリオ（ねばねばねば）
※なっとう（チャチャチャ）
　オクラ（チャチャチャ）
　とろろ（チャチャチャ）
　ぐるぐるぐるぐる　びょ〜ん

2.
ねばねばねば　ねばねばねば
バイキン　めがけて（ちゃんと　たべねば）
ねばねばねば　ねばねばねば
ねばねばパンチ（ねばねばねば）
※くり返し

3.
ねばねばねば　ねばねばねば
たくさん　たべれば（ちゃんと　たべねば）
ねばねばねば　ねばねばねば
ネバー　ギブ　アップ（ねばねばねば）
※くり返し

カツリキ先生より

栄養たっぷりのねばねば食材をモチーフにしたうたあそびです。ユニークな歌詞、動きを楽しみましょう。

ねばねばトリオ

日常のあそび

1番 **1** ねばねばねば

糸を引くように指を動かしながら、腕を左右に2回広げる。

2 ねばねばねば

糸を引くように指を動かしながら、腕を上下に2回広げる。

3 えいようたっぷり

力こぶのポーズを4回くり返す。

4 ねばねばねば ねばねばねば

1 **2** と同様に。

5 ねばねば

1 と同様に。腕を左右に1回広げる。

6 トリオ

「♪オ」に合わせてこぶしを上げる。

ねばねばトリオ

7 なっとう

胸の前で両手をグーにして、両わきをぎゅっと締める。

8 チャチャチャ

拍手を3回する。

9 オクラチャチャチャ

7 **8** と同様に。

10 とろろチャチャチャ

7 **8** と同様に。

11 ぐるぐるぐるぐる

かいぐりをする。

12 びょーん

5 と同様に。腕を左右に大きく広げる。

ねばねばトリオ

★ 2番 3番 は、3を次のようにする。

2番 3 バイキン　めがけて

3番 3 たくさん　たべれば

つのにみたてたひとさし指を
頭の上に立て、上に4回突き上げる。

右手のひとさし指、中指を
はしにみたてて、食べるまねを4回する。

もっと楽しいワクワクアイデア

その1 歌うパートを分けてあそぼう！

メインの歌詞とコーラスで2グループに分かれてうたったり、「なっとう」「オクラ」「とろろ」の3グループに分かれてうたったりすると盛り上がるよ。どのグループがいちばん元気にうたえるかな？

その2 ねばねばアイテムを作ろう！

何本か束ねた毛糸に、丸く切った折り紙を貼ってねばねば納豆を作ってみよう！　これを使ってあそべば、歌や振りつけのねばねば感UP！

3歳児〜 トラック10

さつまいもぐら

もぐもぐもぐもぐ　さつまいもぐら
おいらも　ぬかれて　みたいんだ
おいもに　ばけろ　ニンニンニン
つるに　つかまれ　ギュッギュッギュッ
おっ！　きた　きたきたきたきたきた
スポーン！
もぐもぐもぐもぐ　さつまいもぐら
やきいもに　しないでね

カツリキ先生より

このあそびうたのクライマックスは、さつまいもぐらが抜かれるところ。「きたきたきた……」でパワーをじっくりためて、「スポーン！」で勢いよくジャンプ！　外に出たものの、あまりのまぶしさに、すぐに土のなかに逃げ帰ってしまう姿をイメージして、くり返しうたうのもおすすめです。

さつまいもぐら

1 もぐもぐもぐもぐ

ほおの前で、両手を開いたり閉じたりする。

2 さつまいもぐら

両手首を交互に曲げてパタパタと、もぐらが穴を掘るイメージで動かす。

3 おいらも ぬかれて みたいんだ

両方の親指を立て、自分をさし示す動きを4回くり返す。

4 おいもに ばけろ

忍者の「ニンニン」のポーズをする。

5 ニンニンニン

4の手を上下に3回動かす。

6 つるに つかまれ

両手をグーにし、胸の前で上下に重ねる。

7 ギュッギュッギュッ

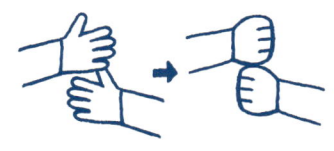

6の手をひらいてむすぶ、を3回する。

8 おっ！

両手をパーにして広げ、びっくりしたようなポーズをする。

9 きた

両手をグーにし、両わきをぎゅっと締めて、胸の前でかまえる。

10 きたきたきたきたきた

「きた」と言うごとに少しずつかがむ。

11 スポーン！

両手両足を広げて真上にジャンプする。

12 もぐもぐもぐもぐ さつまいもぐら

1 2と同様に。

13 やきいもに

両手を開いたり閉じたりしながら、両腕を交互に上げ下げする。

14 しないでね

両手を交差したバツの形を、リズムに合わせて2回つくる。

日常のあそび

ジュースでカンパイ

3歳児〜 トラック11

※ジュース　ジュース　ジュース
　ジュース　のもう！
　ジュース　ジュース　ジュース
　ジュースで　カンパイ！
オレオレ　オレンジジュース
アイアイ　アイスココア
りんりん　りんごジュース
メメメメ　メロンソーダ
※くり返し

カツリキ先生より

ちょっぴりおとなの気分で、ジュースでカンパイ！　メロンソーダの「ダ」は元気よくこぶしを上げると盛り上がりますよ。ぶどうジュース、コーラなど、アレンジして歌ってもいいですね。

ジュースでかんぱい

1 ジュース　ジュース　ジュース
ジュース　のもう！　ジュース
ジュース　ジュース　ジュース

右手を軽く握り、グラスを持つポーズで、リズムに合わせて左右に揺れる。

2 で

1のポーズでぴたっと止まる。

3 カンパイ！

右手を前へ伸ばして、乾杯のポーズ。

4 オレオレ
オレンジジュース

両手の親指で自分をさし示す動きをしながら、リズムに合わせ左右に揺れる。

5 アイアイ
アイスココア

顔の前で、両手をハート形に合わせ、リズムに合わせて左右に揺れる。

6 りんりん
りんごジュース

両腕を曲げて、頭に手を当てる。リズムに合わせて左右に揺れる。

7 メメメメ　メロン

両手を組み、ほおに当て、右左右の順に揺れる。

8 ソー　　　　ダ

「♪ソー」で両手をグーにし、両わきをぎゅっと締めてかまえ、「♪ダ」で右手のこぶしを上へ。

9 ジュース　ジュース
ジュース
ジュース　のもう！
ジュース　ジュース
ジュース　ジュースで
カンパイ！

1～3と同様に。

1・2のサンドイッチ

3歳児〜　トラック12

日常のあそび

1.
※いっち にの サンドイッチ
　いっち にの さん（ハイ）
　いっち にの サンドイッチ
　たべようよ（パク）
　つぶつぶ イチゴの ジャムサンド
　コロコロ ぐるぐる タマゴサンド
　ハハハハ ムムムム ハムサンド
　ちからが もりもり カツサンド
※くり返し

2.
トントン プチュプチュ トマトサンド
おさかな スイスイ ツナサンド
チーズが とろりん ホットサンド
ベーベー コンコン ベーコンサンド
※くり返し

3.
キュッキュッ リンリン キュウリサンド
ピーピー おまめの ピーナッツサンド
じゃがじゃが ほくほく コロッケサンド
ちょこっと コチョコチョ チョコサンド
※2回くり返し

カツリキ先生より

子どもたちが大好きなサンドイッチ。盆踊りのようなリズムのゆかいな手あそびうたで、みんなで盛り上がりましょう。

1・2のサンドイッチ

日常のあそび

1番 **1**　　いっち　　　　　にの　　　　　サンドイッチ

 →  →

歌詞の数字に合わせて、片手で1、2、3と指を立てる。

2　いっち　にの　さん（ハイ）
　　いっち　にの　サンドイッチ

 →  →

1 を2回くり返す。

3 たべようよ　　　　　　　　　**4** （パク）

拍手を3回する。　　　　　　両手を合わせたまま、
　　　　　　　　　　　　　　口もとへ近づける。

1・2のサンドイッチ

日常のあそび

5 つぶつぶイチゴの
ジャムサン　　　ド

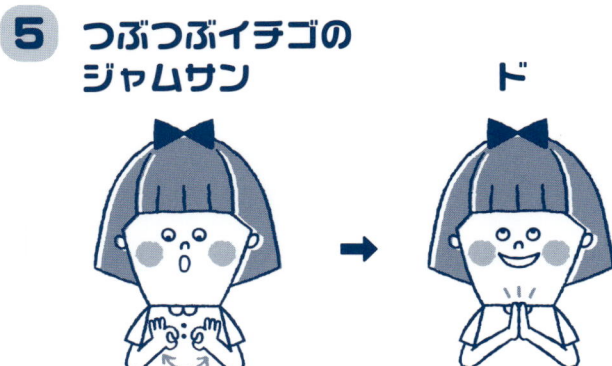

親指とひとさし指で輪を　　拍手を1回する。**5**〜**7**の
つくり、左右に揺らす。　　「♪ド」のときはすべて同様に。

6 コロコロ　ぐるぐる
タマゴサン　　　ド

かいぐりをする。

7 ハハハハ　ムムムム
ハムサン　　　ド

パーにした手を顔の前に　　ひとさし指をつのにみたて
出し、笑うまねをする。　　頭の上に立て、怒るまねをする。

8 ちからが
もりもり
カツサンド

両手で力こぶのポーズをして、
上下に動かす。

9 いっちにの
サンドイッチ
いっちにの
さん（ハイ）
いっちにの
サンドイッチ
たべようよ
（パク）

（※くり返し部分共通）

1〜**4**と同様に。

★**2番** **3番**は、**5**〜**8**を以下のようにする。

2番 **5** トントン
プチュプチュ
トマトサン　　　ド

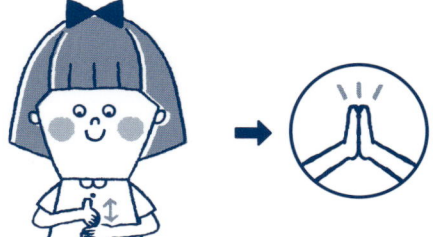

片方の手のひらの上にもう一方の
手を立て、切るように上下に動かす。

6 おさかな　スイスイ
ツナサン　　　　　　ド

右手を波のように上下　　左手も同様にして、
しながら、左側へ動かす。　右側へ。

1・2のサンドイッチ

日常のあそび

7 チーズが とろりん ホットサンド

左手の指先から腕の内側を、右手でゆったりと3回なぞる。

8 ベーベー コンコン ベーコンサンド

指でアカンベーをし、舌を出す。

両手をグーにして、頭を軽くたたく。

3番 5 キュッキュッ リンリン キュウリ サンド

両手をグーにして胸の前に出し、鈴を振るように上下に動かす。

6 ピーピー おまめの ピーナッツ サンド

両手の指を動かし、たて笛を吹くまねをする。

7 じゃがじゃが ほくほく コロッケサンド

ギターを弾くまねをする。

8 ちょこっと コチョコチョ チョコサンド

友だちをくすぐるように両手を動かす。

もっと楽しい ワクワクアイデア

その1 盆踊り風に輪になってあそぼう！

みんなで輪になって、手あそびしながら前に進もう。 1〜4を盆踊り風の振りつけにアレンジしても楽しいね！

その2 2人組でふれあいあそび！

「♪たべようよ」や、「♪〇〇サンド」で手をたたくときに、相手のほおをやさしくはさんじゃおう！ ❶番の「♪ちからがもりもり」で相手の肩をもんであげたり、❸番の「♪チョコサンド」でくすぐり合ったりしても盛り上がるよ！

▶「パク！」食べるポーズは盛り上がります。

スーパージェット

3歳児〜　トラック13

ねんりょう　まんたん　エンジン　ぜんかい
そらを　めざして　いくぞ　シャキーン！
やまを　こえて　くもを　つきぬけ
にじを　くぐって　びゅびゅびゅー
もうスピードで　スーパージェットが
とんで　いく

カツリキ先生より

両手を広げ、スーパージェットになりきって、いっぱい走って楽しみましょう。前半は発射に向けたワクワク感をどんどん高めていき、「シャキーン！」で翼を出すポーズを決めると、とってもカッコイイ！　リズムあそびや雨の日の発散あそびに使ってみてください。

スーパージェット

日常のあそび

1 ねんりょう　まんたん

片ひざ立ちで両腕を力こぶのポーズにし、
上下させる動きを4回する。

2 エンジン　ぜんかい

片ひざ立ちのまま、すばやく
かいぐりをする。

3 そらを　めざして　いく

片ひざ立ちのまま、右手のひとさし
指を立て、上へ4回突き上げる。

4 ぞ

立ち上がって、右のこぶしを
突き上げる。

5 シャキーン！

前かがみになって、両腕を翼の
ように体の後方に広げて伸ばす。

6 やまを　こえて　くもを　つきぬけ　にじを　くぐって　びゅびゅびゅー
　　もうスピードで　スーパージェットが　とんで　いく

5のポーズのまま、自由に走りまわる。
方向転換したり、ジャンプしたり、かがんだりしてもよい。

39

3歳児〜 トラック14 ゴーゴーおすしーず

日常のあそび

ゴーゴー　おすしーず　ゴーゴー　おすしーず　みんなの　ほっぺを　おとせ
ゴーゴー　おすしーず　ゴーゴー　おすしーず　おくちの　なかへ　とつげきだ
おすしの　おうさま　まぐろレッド
てかてか　かがやく　さばブルー
あまさは　いちばん　たまごイエロー
さっぱり　ヘルシー　カッパグリーン
ママに　にんきの　サーモンピンク
ゴーゴー　おすしーず　ゴーゴー　おすしーず
わさびは　ぬいてね　おすしーず
「アガリ　イッチョ〜！」

カツリキ先生より

子どもたちが大好きなおすしがヒーローになってやって来ました。ヒーローなのにちょっと和風なのがユーモラス。おすしーずになりきってかっこよくポーズを決めてみましょう。

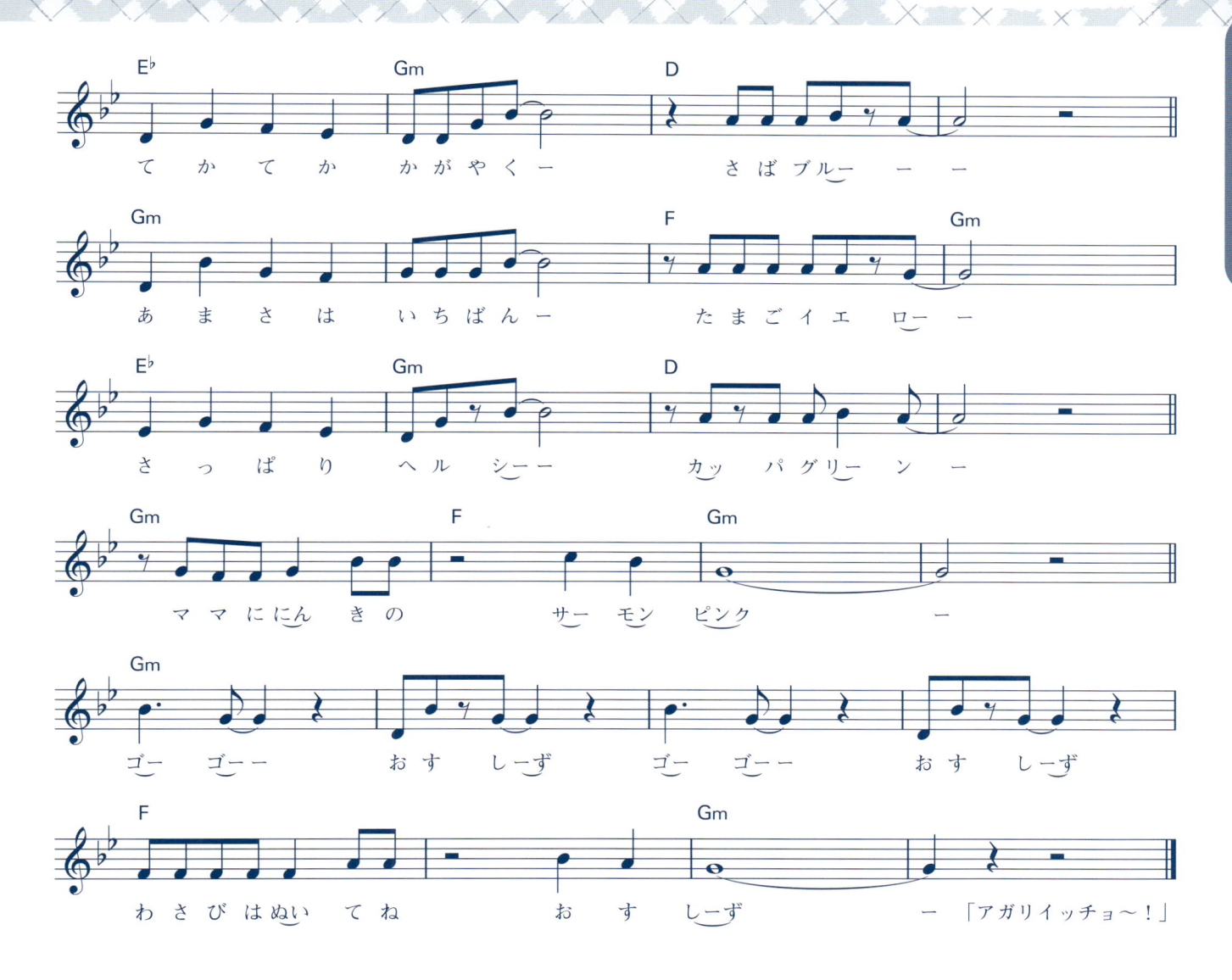

ゴーゴーおすしーず

てかてか かがやくー さばブルーー
あまさは いちばんー たまごイエローー
さっぱり ヘルシーー カッパグリーンー
ママ にんきの サーモンピンク ー
ゴーゴー おすしーず ゴーゴー おすしーず
わさびは ぬいてね おすしーず ー 「アガリイッチョ〜！」

もっと楽しい ワクワクアイデア

おすしーずに、新しい仲間を登場させてみよう！

「いくらオレンジ」「いかホワイト」など、歌詞にはない新しい仲間をつくり出しても、おもしろいですね！子どもたちと、役を決めて、それぞれのポーズを見せ合ったりすると、なりきり度も高まります。

ゴーゴーおすしーず

1 ゴーゴー おす しーず ×2

「♪ゴーゴー」で、右手をグーにして2回上げる。左手はグーにして腰に。

「♪おす」で、グーを上に向けた両手を腰のわきにつける。

「♪しーず」で、右手のグーを下に向けながら前に出す。全体を2回くり返す。

2 みんなの ほっぺを おと

両手で両ほおを軽く6回たたく。

3 せ

顔の両側で親指を立てる。

4 ゴーゴー おすしーず ×2

1と同様に。

5 おくちの なかへ

その場で足ぶみを7回する。

6 とつ

グーにした左手を胸に当て、右腕は後ろ斜め上に伸ばす。左足を少し前に出して両足を曲げる。

7 げきだ

小刻みにその場でかけ足。

8 おす

右腕で力こぶのポーズ。

9 しの

左手も同様に。

10 おうさま

9のまま、両腕を軽く2回上下させる。

11 まぐろ レッド

右足を前側に大きくふみ出し、右手は上から、左手は下から円をつくるように右側に出す。

12 てかてか

グーにした左手は腰に、右手はきらきらさせながら上から下ろす。

13 かがやく

手を逆にして同様に。

42

ゴーゴーおすしーず

日常のあそび

14 さばブルー 
左足を後ろに上げ、ひじを曲げパーにした右手は上に、左手は下にして、小刻みに動かす。

15 あまさは 
両ひざを軽く外側に曲げ、「♪あま」で、ひとさし指を立てた両手を顔の右側に上げ、「♪さは」で下に。

16 いちばん 
同様に、「♪いちば」で左側に上げ、「♪ん」で下げる。

17 たまごイエロー 
ひざはそのまま、頭の上で両手の指先を合わせ円をつくる。

18 さっぱり 
両手の指を組んで手のひらを外側にして右側に出し、おしりをプリッと出す。

19 ヘルシー 
左側に同様に。

20 カッパグリーン 
ひざを軽く曲げ、右手を頭にのせて、左手は太ももに置く。

21 ママににんきの 
右に首を傾けて両手の指を組んで右ほおに当て、リズムに合わせて2回腕を上下させる。

22 サーモン 
左側に同様に。

23 ピンク 
右足を左前方に伸ばし、左ひざを後ろで軽く曲げ、両手を左右下方に開く。

24 ゴーゴーおすしーず×2
1と同様に。

25 わさびは ぬいてね 
右手のひとさし指を立て、顔の横で左右に6回動かす。

26 おすしーず「アガリイッチョー！」
1の2つ目、3つ目の動きと同じ。

3歳児〜 トラック15　ワンワン探偵団

日常のあそび

ワンワンたんていだん
なんでも　みつけるワン
キョロキョロ　クンクン　ホリホリ
さがしものは　なんですか？
（せりふ）
あ！　みつけたワン！

カツリキ先生より

犬の探偵になって探し物を見つけましょう。お部屋にある簡単なものをみんなで探したり、宝探しゲームをしたり、歌詞を「つかうものは」に変えて、製作あそびで使うはさみやクレヨンなどを用意するきっかけづくりもできます。

♩=126

ワン　ワン　たん　てい　だん　　なん　で　も　み　つ　け　る
ワン　　　　キョ　ロ　キョ　ロ　クン　クン　ホ　リ　ホ　リ
さ　が　し　も　の　は　なん　で　す　か？　　（せりふ）
あ！　　　み　つ　け　た　ワン！

ワンワン探偵団

1 ワンワンたんていだん

両手をグーにして手首を同時に前後に曲げる動きを、リズムに合わせて4回する。

2 なんでも みつける

目の上に右手を当て、何かを探すポーズをする。

3 ワン

1と同様の動きを1回。

4 キョロキョロ

左右に首を振って、キョロキョロする。

5 クンクン

顔をうつむけてから軽く持ち上げて、においをかぐ動きを2回する。

6 ホリホリ

両手首を交互に曲げて、穴を掘るように動かす。

7 さがしものは なんですか？

両手を耳に当て、音を聞くポーズをして左右に揺れる。

8 （せりふ）

聞かれた人は、探してほしいものを言う。

9 あ！みつけた

いろいろなところを指さす。

10 ワン！

見つけたものを指さす。

日常のあそび

45

3歳児〜 トラック16

キラキラたんじょうび

日常のあそび

キラキラ　キラキラ　たんじょうび
きょうは　○○ちゃんの　うまれた　ひ
キラキラ　キラキラ　おめでとう
とっても　やさしい　○○ちゃん
キラキラ　キラキラ　かがやいてるね

カツリキ先生より

1年に1度の誕生日。自分のことはもちろん、友だちのことでもうれしいものですね。歌に合わせた、ゆったりとした振りつけで、お祝いの気持ちを盛り上げましょう。

♩=98

キラキラキラキラたんじょうび　きょうは○○ちゃんの
うまれたひ　キラキラキラキラおめでとう
とってもやさしい○○ちゃん　キラキラキラキラ
かがやいてるね

キラキラたんじょうび

1 キラキラ キラキラ たんじょうび

両手をひらひらさせながら、頭の上から下ろす。

2 きょうは

左手を胸に当てる。

3 ○○ちゃんの

※○○には、誕生日の子の名前を入れて歌う。

右手も交差させて胸に当てる。

4 うまれた ひ

両腕を交差したまま、左右に揺れる。

保育者は、誕生日の子どもの肩をぽんぽんと優しくたたきましょう。

日常のあそび

キラキラたんじょうび

5 キラキラ　キラキラ
　　おめでとう

1と同様に。

6 とっても　やさしい

2 3と同様に。

7 ○○ちゃん

4と同様に。

8 キラキラ　キラキラ
　　かがやいてる

1と同様に。

9 ね

誕生日の子に向けて、両手をひらひらさせる。

キラキラたんじょうび

もっと楽しい ワクワクアイデア

その ❶ 誕生日の子のよいところを、歌に込めよう！

「♪とってもやさしい」のところは、誕生日の子のよいところや得意なことに替えて歌おう！

●例えば……
「♪虫捕り名人　たくちゃん」
「♪お歌がじょうずな　ななちゃん」
「♪恐竜博士の　そらくん」

その ❷ 歌ったあとにインタビューしよう！

歌い終わったら、誕生日の子に「将来の夢」や「挑戦したいこと」などの簡単なインタビューをしよう！

その ❸ 手作りのプレゼントを渡そう！

誕生日の子に、手作りの冠やメダルをプレゼントして、お祝いムードを盛り上げよう！　自分の誕生日が待ち遠しくなるね！

3歳児〜 トラック17

ゴリラッチョ

※ゴリラッチョ　ゴリラッチョ
　ゴリゴリゴリゴリ　ゴリラッチョ
オー　イエイ！
※くり返し
ヘイ　ヨー！
ドンドコドン　ドンドコドン
むねを　ドンドコ　ゴリラッチョ
ウッホッホ　ウッホッホ
きんにく　モリモリ　ゴリラッチョ
パクパクパク　パクパクパク
バナナ　パクパク　ゴリラッチョ
グースカピー　グースカピー
いびき　グースカ　ゴリラッチョ

ボリボリボリ　ボリボリボリ
おしり　ボリボリ　ゴリラッチョ！
イエイ！
※くり返し
オー　イエイ！
オー　イエイ！
※くり返し
ヘイ　ヨー！
ヘイ　ヨー！
※くり返し
ゴリラッチョ

カツリキ先生より

ラップのリズムに合わせて、ゴリラのおもしろいポーズをとりながら、体をたくさん動かして楽しんでみてください。「ゴリラッチョ」とくり返すところは、一度聴くと耳から離れなくなって、ノリノリで楽しめます。

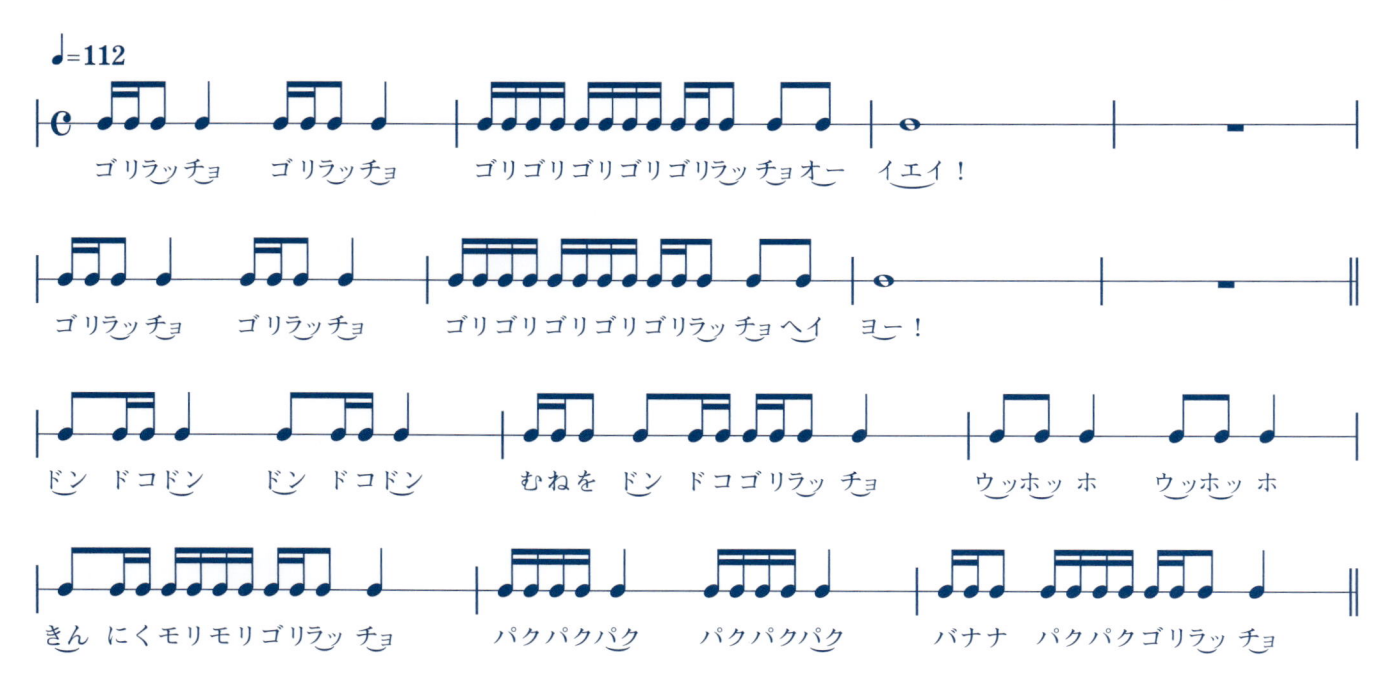

ゴリラッチョ

日常のあそび

グー スカピー　グー スカピー　いびき グー スカゴリラッチョ　ボリボリボリ　ボリボリボリ

おしり ボリボリゴリラッチョ　―　イエイ！　ゴリラッチョ　ゴリラッチョ

ゴリゴリゴリゴリゴリラッチョオー　イエイ！　オー イエイ！　ゴリラッチョ　ゴリラッチョ

ゴリゴリゴリゴリゴリラッチョヘイ　ヨー！　ヘイ ヨー！　ゴリラッチョ　ゴリラッチョ

ゴリゴリゴリゴリゴリラッ チョ　―　　　　　　　　　　　　ゴリラッチョ

1 ゴリラッチョ　　**2** ゴリラッチョ　　**3** ゴリゴリゴリゴリ　　**4** ゴリラッ　チョ

右手を頭に、左手をあごに当て、かくように動かす。

手を逆にして同様に。

1 2 を1回ずつくり返す。

両手をグーにして両わきを締める。

両手の親指を立て、人さし指と中指をそろえて、右手を前に出す。

ゴリラッチョ

5 オー イエイ！

6（※くり返し部分共通）ゴリラッチョ ゴリラッチョ ゴリゴリ ゴリゴリ ゴリラッチョ

7（以下共通）ヘイ ヨー！

8 ドンドコドン ドンドコドン

手を逆にして同様に。　　1〜4と同様に。　　5と同様に。　　両手をグーにして、右手で胸を叩き、左手は横に伸ばす。リズムに合わせて交互に胸をたたく。

9 むねを ドンドコ

10（以下共通）ゴリラッ チョ

11 ウッホッホ

12 ウッホッホ

13 きんにく もりもり ゴリラッ チョ

8と同様に。　　4と同様に。　　グーにした両手を横に広げて力こぶのポーズ。　　両腕を下げて体の前で両手の甲を付ける。　　11と同様にしたあと、4と同様に。

14 パクパク パク

15 パクパク パク

16 バナナ パク パク ゴリ ラッ チョ

17 グースカピー

18 グースカピー

右手で、バナナを持って食べるしぐさをする。　　手を逆にして同様に。　　14と同様にしたあと、4と同様に。　　両手のひらを合わせて右のほおに当て、目を閉じる。　　左のほおに同様に。

19 いびき グースカ ゴリラッ チョ

20 ボリ ボリ ボリ ボリ ボリ

21 おしり ボリ ボリ

22 ゴリラッ チョ イエイ！

17と同様にしたあと、4と同様に。　　後ろを向いて腰を突き出し、左手は額を、右手はおしりをかく。左右の手を入れかえて同様に。　　両手でおしりをかく。　　20と同様にしたあと、4 5と同様に。

ふれあいあそび

先生と、友だちと、おうちの人と……。
みんなでいっしょに楽しめるあそびです。
はじめは一人ひとりとやってみて、
楽しさが高まったら、ふれあいあそびに
発展させましょう。

3歳児〜 トラック18

たこくじ

たこくじ　にょろにょろ　（たこくじ）
わくわく　どきどき　（たこくじ）
はっぽんあしから　ひいて　みてー　にゅ

カツリキ先生より

ほんの少しの空き時間に、いつでもどこでもすぐにできる、指を使ったくじ引きあそびです。子どもたちはワクワクしながら自分の順番を待ち、引いたとたんに、にこにこ笑顔になりますよ。

♩=149

たこ　くじ　にょろにょろ（たこくじ）わくわく　どきどき（たこくじ）
はっぽん　あしから　ひいてみてー　にゅ

もっと楽しいワクワクアイデア

たこの顔をイメージした表情で盛り上がろう！

「ぷしゅー」と墨を吐くときに、おもしろい顔をしてオーバーに表現すると、子どもたちは大盛り上がり！「ぺたっ」で、ほっぺをむにゅーっとして、子どもたちをたこのような表情にしてあげても、喜びますよ。

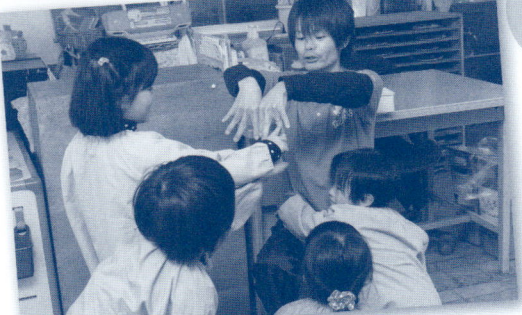

▲子どもたちと「たこくじ」であそぶカツ先生

たこくじ

1 たこくじ　にょろにょろ　（たこくじ）
　　わくわく　どきどき　（たこくじ）
　　はっぽんあしから　ひいて　みてー

2 にゅ

保育者はあらかじめ当たりの指を決め、
指を8本、たこの足のようににょろにょろさせる。

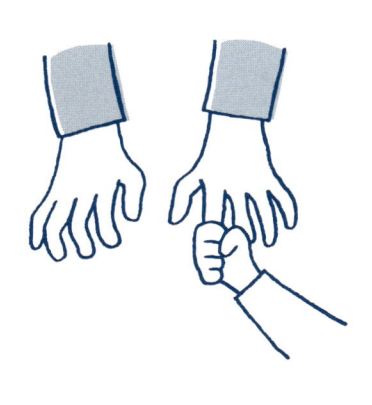

くじ引きのように、子どもが指を
1本選んで、つかむ。

3 「ぷしゅ〜」

当たりの指を引いたら、保育者が「ぷしゅ〜」
と墨を吐くまねをする。

当たりを引かなかった場合、たこのような口で「ブー！」と言ったり、たこ足をまねて「なでなで」したり、吸盤のように「ぺたっ」と抱きついたりしても。

ふれあいあそび

3歳児〜 トラック19

まねまねミラー

まねまねミラー　まねまねミラー
かがみを　のぞいて　みて　ごらん　ジャン
ベー　むにゅー　なんじゃら　ホイ！

カツリキ先生より

いつでも、どこでも、簡単に楽しめるまねっこあそびです。保育者が子どもたちと向かい合ってするもよし、2人1組になってするもよし。まねまねミラーにいろいろなポーズを映して楽しんでみてくださいね。

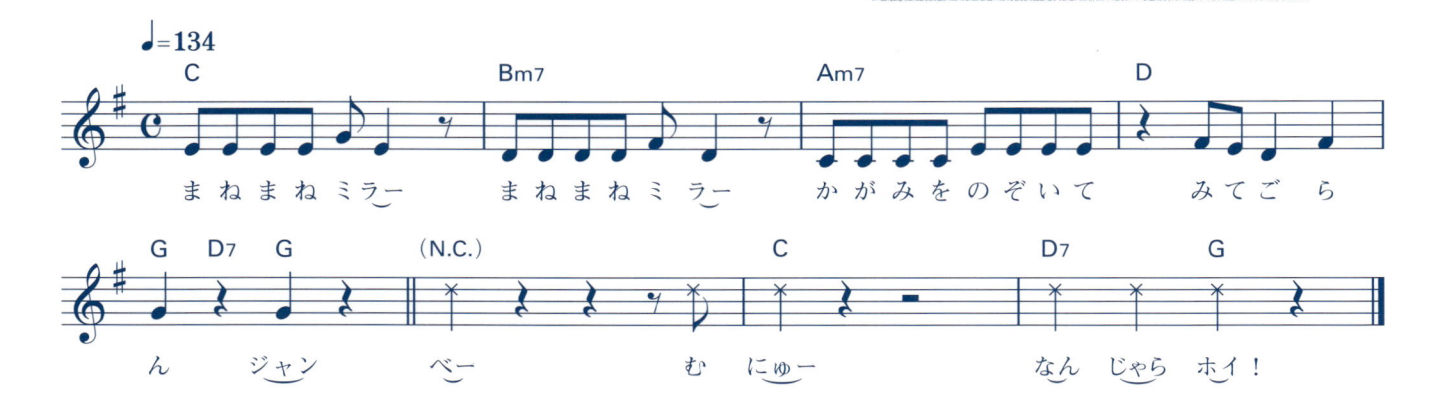

♩=134

♪ まねまねミラー　まねまねミラー　かがみをのぞいて　みてごらん　ジャンベー　むにゅー　なんじゃら　ホイ！

ふれあいあそび

もっと楽しいワクワクアイデア

みんなでまねっこしあおう！

子どもたちが保育者のまねをするだけでなく、慣れたら、代表の子どものまねをみんなでしてみましょう。誕生会などで、保護者にやってもらっても、盛り上がりました。

▶みんなで「むにゅ〜」！

まねまねミラー

1 まね　　まね　　　　　　　　ミラー　×2

パントマイムのような動きで右手を出す。左手も同様に。

両手を閉じて、顔を隠す。全体を2回くり返す。

2 かがみを　のぞいて　みて　ごらん

顔を隠したまま、右左に揺れる。

3 ジャン

「ジャン」で両手をパッと左右に開く。

4 べー

両手でアッカンベーをする。

5 むにゅー

両手で両ほおを押す。

6 なんじゃら

手拍子を2回する。

7 ホイ！

1人が好きなポーズをとり、ほかの人がまねをする。

ふれあいあそび

3歳児～ トラック20

ありんこれっしゃ

ふれあいあそび

1.
※ありんこれっしゃ　ありんこれっしゃ
　しゅしゅしゅ　ぽっぽっぽっ
　ありんこれっしゃ　ありんこれっしゃ
　しゅしゅ　ぽっぽっぽー！
あなを　ほるよ
ホレホレ　ホレホレ
ホレホレ　ホレホレ
ホレホレ　ホレホレ
ホレホレ　ホレホレ
はっしゃ　オーライ　しゅっぱつだ

2.
えさを　はこべ
エッサエッサ　エッサエッサ
エッサエッサ　エッサエッサ
はっしゃ　オーライ　しゅっぱつだ

3.
おとしあなだ
ピョンピョン　ピョンピョン
ピョンピョン　ピョンピョン
はっしゃ　オーライ　しゅっぱつだ

4.
ありんこダンス
グルグル　グルグル
グルグル　グルグル
グルグル　グルグル
グルグル　グルグル
はっしゃ　オーライ　しゅっぱつだ

5.
からだ　あらうよ
ゴシゴシ　ゴシゴシ
ゴシゴシ　ゴシゴシ
ゴシゴシ　ゴシゴシ
ゴシゴシ　ゴシゴシ
はっしゃ　オーライ　しゅっぱつだ
※くり返し
えきに　ついたよ　おつかれさん

もっと楽しいワクワクアイデア

たくさんつながって、長い列車になってみよう！

はじめはひとりずつや数人のグループでやってみて、慣れてきたら大人数で長くつながってみましょう。新しい振りを考えるなどして、楽しんでください！

カツリキ先生より

ありの行列が今日も元気に出発進行！　友だちや先生と列車になって歌って踊る楽しいあそびです。先頭を交代しながら、くり返しやってみましょう。

あรินこれっしゃ

ふれあいあそび

♩=128

| C | G | F | G7 |

あрин これっ しゃ　ありん これっ しゃ　しゅ しゅ しゅ　ぽっ ぽっ ぽっ

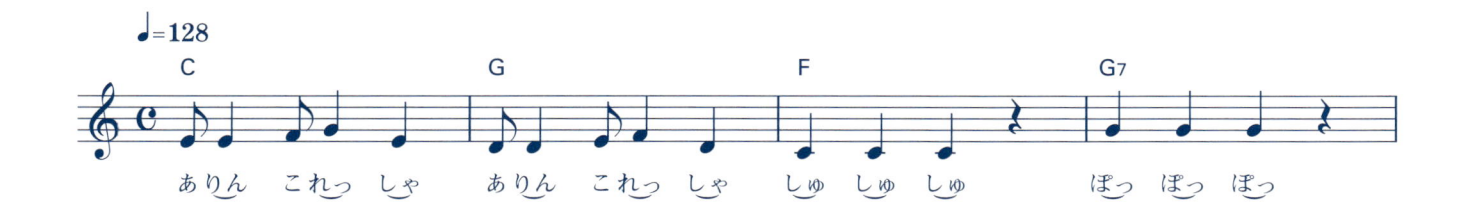

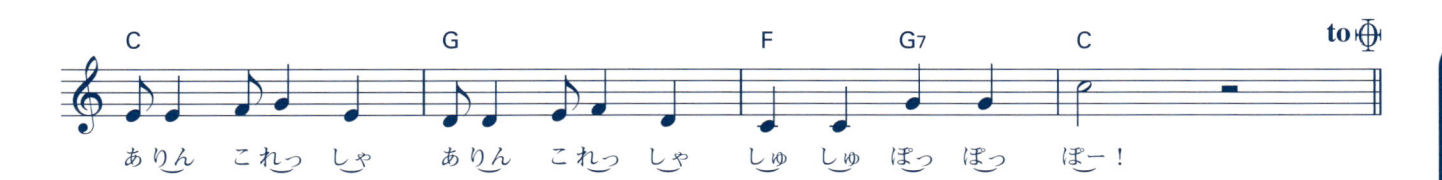

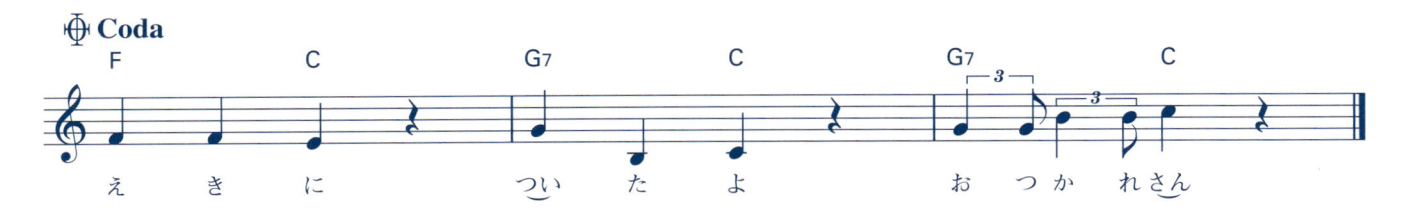

| C | G | F | G7 | C | to ⊕ |

ありん これっ しゃ　ありん これっ しゃ　しゅ しゅ ぽっ ぽっ ぽー！

| F | C | C7 | C | C |

2,5番 / 1,3,4番

あ　な　を　　ほ　る　よ　　ホレエッピョングルゴシ　ホレサピョングルゴシ　ホレエッピョングルゴシ　ホレサピョングルゴシ
え　さ　を　　は　こ　べ
お　と　し
あ　ん　こ　　あ　な　だ
か　り　だ　　　　ら　す
　　　　　　　　　　　よ

| F | G7 | C |

ホレエッピョングルゴシ（×12）

| G7 | 1.2.3.4. C | 5. G7 | C |

はっ しゃ オー ライ　しゅっ ぱつ だ　　しゅっ ぱつ だ

D.C.

⊕ Coda

| F | C | G7 | C | G7 | C |

えきに　　　ついたよ　　　おつかれさん

ありんこれっしゃ

1番

1 ありんこれっしゃ
ありんこれっしゃ
しゅしゅしゅ

先頭の人は、両ひじを曲げて指を伸ばした手を車輪にみたて円を描くように動かす。後ろの人は、前の人の肩に両手を置いてつながり、自由に進む。

2 ぽっ
ぽっぽっ

先頭の人のみ、歩きながら最初の「♪ぽっ」で手のひらを上にした右腕を上に伸ばす。次の「♪ぽっ」で肩まで下ろし、最後の「♪ぽっ」でもう一度上に伸ばす。

3 ありんこれっしゃ
ありんこれっしゃ
しゅしゅ

1と同様に。

4 ぽっぽっぽー！

2と同様に。

5 あなを ほるよ

両手は腰に当て、リズムに合わせてひざを4回曲げる。

6 ホレホレ ×4

手のひらを上にして両手を前方やや下向きに出し、右足を前にふみだす。「どじょうすくい」の踊りのように両手を胸まで上げる。足を交互に出しながら4回くり返す。

7 はっしゃ オーライ
しゅっぱつ

右手をグーにしてわきを締めリズムに合わせて上下させ、左手は腰に当てる。

8 だ

グーにした右手を突き上げる。

ふれあいあそび

ありんこれっしゃ

★ 2番～5番 は、5 6、9 10 を以下のようにする。

2番
5 えさを はこべ

1番の 4 と同様に。

6 エッサ エッサ ×4

手のひらを上に向けた両手を顔の横から上に伸ばす。

3番
5 おとし あなだ

1番の 5 と同様に。

6 ピョン ピョン×4

その場でジャンプする。

4番
5 ありんこ ダンス

1番の 5 と同様に。

6 グルグル×4

中腰になり、左手は腰に。先頭の人は右腕をひじからまわしながら、上半身を時計まわりにまわす。後ろの人は両手を腰に当て、同じ動きを少し遅れてする。

5番
5 からだ あらうよ

1番の 5 と同様に。

6 ゴシゴシ ×4

前の人の背中を洗うしぐさをする。

9 えきに ついたよ

1番の 5 と同様に。

10 おつかれさん

指を伸ばした右手を額に当てて敬礼ポーズ。

ふれあいあそび

3歳児〜 トラック21　かぼちゃのかぼちゃん

かぼちゃの　かぼちゃん　かぼちゃんちゃん
はたけで　いっしょに　あそぼうよ
きゅうりさんと　おにごっこ
まて　まて　まて　まて
あー　ドテ！
キャベツくんと　おすもう
のこった　のこった　のこった　のこった
あー　ドテ！
おいもどんと　つなひき
オーエス　オーエス　オーエス　オーエス
あー　ドテ！
トマトちゃんに　プロポーズ
「すきです　けっこんしてください」
あー　ドテ！
かぼちゃの　かぼちゃん　かぼちゃんちゃん
あしたも　いっぱい　あそぼうよ

カツリキ先生より

がんばりやだけど、いつもうまくいかない、ちょっとドジなキャラクター・かぼちゃん。子どもたちは、なんといっても「あードテ！」と転ぶところでいちばん盛り上がります。「結婚してください」と照れながら言う姿もかわいいですよ。2人組でやってみると、楽しいかかわりが生まれます。

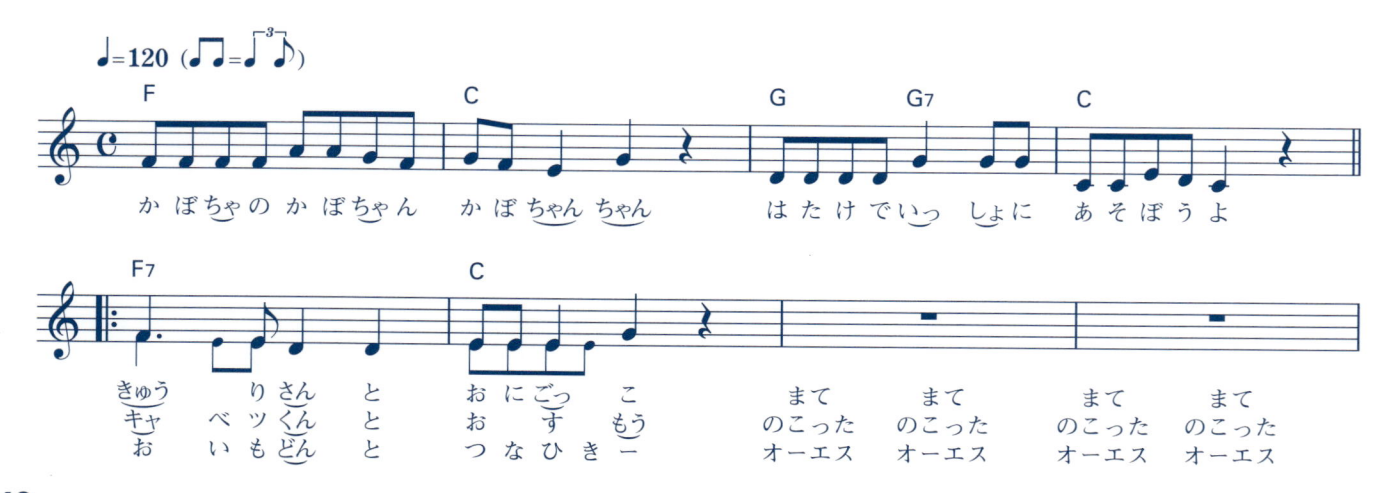

かぼちゃのかぼちゃん

あー ドテ！ あー ドテ！ トマトちゃんに
あー ドテ！

プロポーズ 「すきです けっこんしてください」 あー ドテ！

かぼちゃの かぼちゃん かぼちゃん ちゃん あしたも いっ ぱい あそぼうよ

1 かぼちゃの　かぼちゃん
かぼちゃんちゃん

2 はたけで　いっしょに
あそぼうよ

体の前で腕でふんわり円をつくり、
リズムに合わせて左右に揺れる。

ひじを曲げて両手をグーにして、
パーにしながら上に伸ばす。

ふれあいあそび

かぼちゃのかぼちゃん

3 きゅうりさんと おにごっこ

リズムに合わせて両手を前後に振り、軽くひざを曲げる。

4 まて まて まて まて

その場でかけ足。

5 あー ドテ！

顔の横に両手を広げて口を開き、右足を上げる。

手足を伸ばしながらその場に倒れる。

6 キャベツくんと おすもう

3と同様に。

7 のこった のこった のこった

ひざを軽く曲げて腰を落とし、両手を張り手のように交互に前に出す。

8 あー ドテ！

5と同様に。

9 おいも どんと つなひき

3と同様に。

10 オーエス オーエス オーエス オーエス

その場で綱引きのしぐさをする。

11 あー ドテ！

5と同様に。

12 トマトちゃんに プロポーズ

3と同様に。

13 「すきです！ けっこん してください」

左足のひざをついて、右手を伸ばし、頭を下げる。

14 あー ドテ！

5と同様に。

15 かぼちゃの かぼちゃん かぼちゃん ちゃん あしたも いっぱい あそぼうよ

1 2と同様に。

低年齢児から できるあそび

2歳児からできる、
簡単で楽しいあそびがいっぱい！
子どもたちがにこにこ笑顔に
なれるかわいらしいあそびうたは、
4歳児や5歳児でも、
もちろん楽しめます。

2歳児〜 トラック22

アイアイでんわ

きみの こえが ききたいな
そんな ときは ジャン！
いつでも どこでも ピポパ
アイアイでんわ ピ！

カツリキ先生より

子どもたちが大好きな電話をモチーフにした楽しい歌です。アイアイでんわを使ったら、いつもはてれて言えないことも大きな声で発表できるかもしれませんね。

♩=130

きみの こえが ききたいな そんな と き は ジャン！
いつでもどこでも ピ ポ パ アイアイでん わ ピ！

もっと楽しい ワクワク アイデア

その❶ アイアイでんわでコミュニケーション！

朝や帰りの会のときに「今日の朝ごはんはなんでしたか？」「今日楽しかったあそびはなんですか？」など、アイアイでんわを使って、子どもたちに聞いてみよう！
●例えば……
「プルルル……もしもし○○組のみんなですか？ △△くんがまだお部屋に戻ってきていないみたいなんですけど、探してきてくれますか？」

その❷ 自分だけのアイアイでんわを作ろう！

空き箱や色画用紙、ストローなどを使って、自分だけのオリジナルのアイアイでんわを作ろう！ みんなでアイデアを出し合って、クラスのアイアイでんわを作ってもよいね！

アイアイでんわ

1 きみの 
右手を前へ出す。

2 こえが 
左手を前へ出す。

3 ききたい 
右手を耳もとへ持っていき、音を聞くポーズをする。

4 な 
3と同様に左手を耳もとへ。

5 そんな とき 
4のポーズのまま、左右に揺れる。

6 は 
ポケットのアイアイでんわを取り出す準備をする。

7 ジャン！ 
アイアイでんわを左手に持ち、見せる。持っているふりでもよい。

8 いつでも どこでも 
アイアイでんわを持ったまま、左右に揺れる。

9 ピポパ 
右手のひとさし指で、「♪ピポパ」に合わせてボタンを押す。

10 アイアイでんわ 
右手のひとさし指を立てたまま、腕を上下に揺らす。

11 ピ！ 
9と同様に、「♪ピ」に合わせてボタンを押す。

低年齢児からできるあそび

ふしぎダネ

2歳児〜 トラック23

1.
ふしぎダネは　ふしぎだね
たねを　のんだら　おへそから
めが　でて　つるが　のびて
はなが　さいて　パッ

2.
ふしぎダネは　ふしぎだね
たねを　のんだら　あたまから
めが　でて　つるが　のびて
はなが　さいて　パッ

カツリキ先生より

「ふしぎダネ」は、飲みこむとおへそや頭から芽が出ちゃう、"不思議な種"です！ リズム譜に合わせて、自由な節まわしを楽しんで。

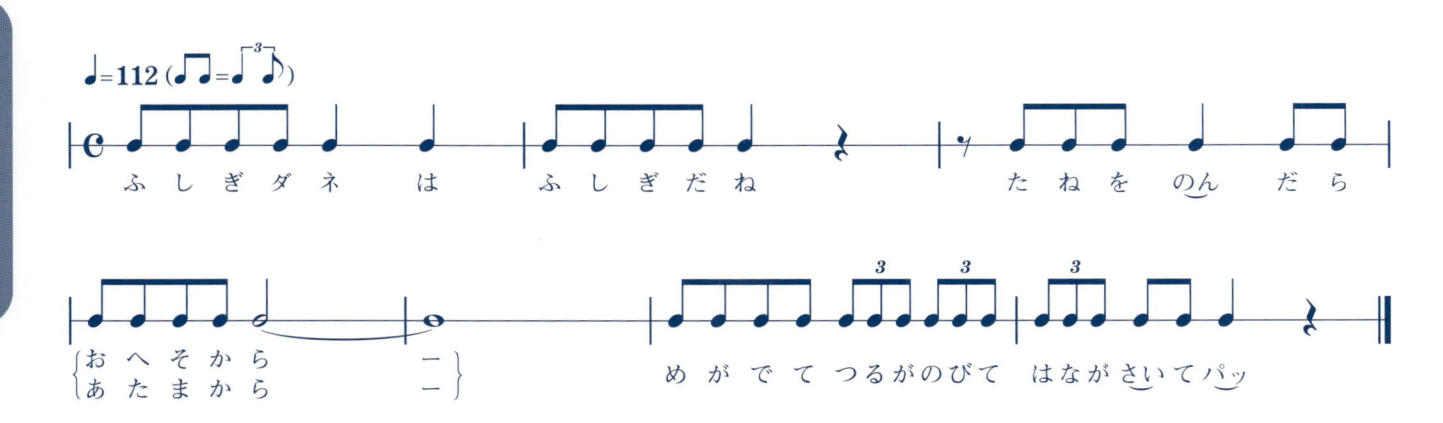

[おへそから / あたまから]
めがでてつるがのびて　はながさいてパッ

もっと楽しいワクワクアイデア

いろいろなところから芽を出そう！

「♪お鼻から〜」などと芽が出る部分を変えてもOKですよ。次はどこから芽が出るかな？

ふしぎダネ

1番

1 ふしぎ ダネは
両手をグーにする。直角に曲げた右ひじに左手をくっつけ、リズムに合わせて左右に揺れる。

2 ふしぎだね
左も同様に。

3 たねを
右手の親指と4本の指で、種の形をつくる。左手は腰に。

4 のんだら
両手を開いて、種を口の中に入れるしぐさ。

5 おへそから
「♪おへそか」で、おへそを両手で2回たたく。「♪ら」で、左右の手で交互にたたき、スピードを上げる。

6 めがでて
両手の指先を合わせたねの形にして前に出して、息を吹きかける。

7 つるがのびて
6の手をジグザグと曲げながら、前へ伸ばす。

8 はながさいて
顔の前で、つぼみのように両手をふわっと合わせる。

9 ぱっ
手首をくっつけたまま、両手を花のように開く。

★**2番**は、5 6 7 8 9 を以下のようにする。

5 あたまから
「♪あたまか」で、頭を両手で軽く2回たたく。「♪ら」で、左右の手で交互にたたき、スピードを上げる。

6 めがでて
手のひらを頭の上で合わせる。

7 つるがのびて
2番の6の手をジグザグと曲げながら、上へ伸ばす。

8 9 はながさいて パッ
「はながさいて」で両手をつぼみのようにふわっと合わせ、「♪パッ」で大きく広げる。

低年齢児からできるあそび

2歳児～ トラック24

にこにこカメラ

1.
※にこにこカメラ
　にこにこカメラ
　さあさあ　しゃしんを　とるよ
カニさんポーズで　はい　ポーズ！

2.
※くりかえし
ウサギさんポーズで　はい　ポーズ！

カツリキ先生より

カメラに向かってポーズを決める新感覚のうたあそびだよ。「ゴリラのポーズ」や「飛行機のポーズ」などいろいろなおもしろポーズを楽しんでね！

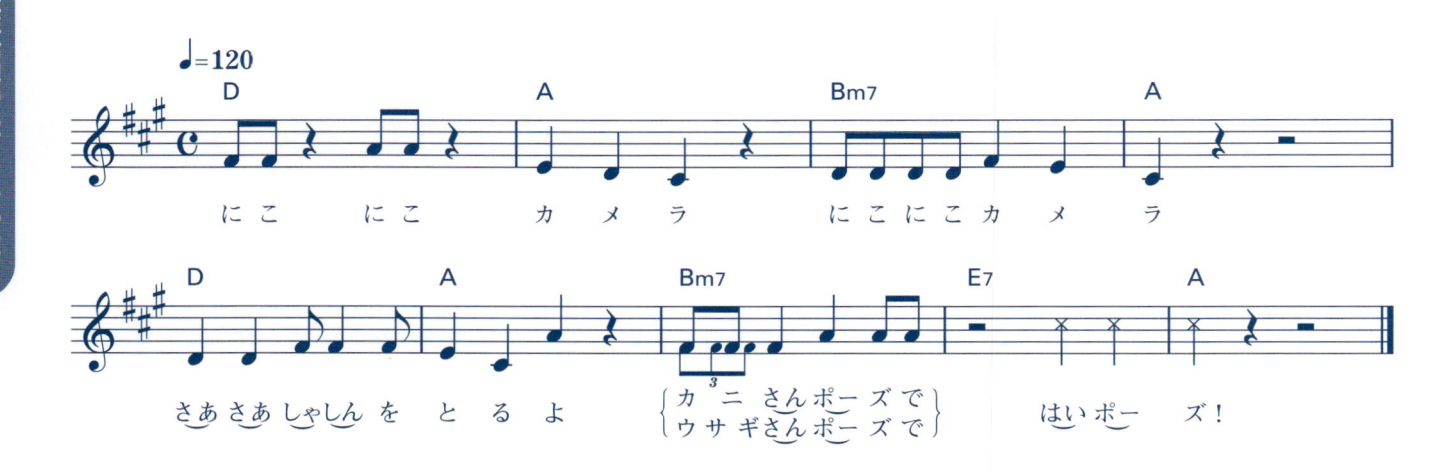

♩=120

にこ　にこ　カメラ　にこにこカメラ
さあさあしゃしんを　とるよ　{カニさんポーズで／ウサギさんポーズで}　はいポーズ！

もっと楽しいワクワクアイデア

親子参観日や敬老の日にもやってみよう！

このあそびうたで、子どもがお父さんお母さん、おじいちゃんやおばあちゃんを撮る、反対に子どもたちが撮ってあげる……。そんな写真の撮りっこあそびを、参観日や敬老の日の行事でやってみてもいいですね。

低年齢児からできるあそび

にこにこカメラ

1番

1 にこ
右側に首を傾け、両手のひとさし指で両ほおを触る。

2 にこ
左側へも同様に。

3 カメラ
両手の指で四角をつくり、カメラのように両目の前に当て、リズムに合わせて左右に揺れる。

4 にこにこカメラ
3と同様に。

5 さあさあ しゃしんを とるよ
7回、拍手をする。

6 カニさんポーズで
両手をチョキの形にし、耳の横に上げてポーズをとり、リズムに合わせて左右に揺れる。

7 はい
腕を曲げ、両手をグーの形にして、わきを締める。

8 ポーズ！
もう一度、**6**のポーズでぴたっと止まる。

★**2番**は、**6**を以下のようにする。

2番 6 ウサギさんポーズで
両手を前向きに頭の上につけてポーズをとり、リズムに合わせて左右に揺れる。

低年齢児からできるあそび

まほうをかけたら

2歳児〜 トラック25

1.
トカゲに
※まほうを かけたら
　なんに なる ハイ
　パピラ ポピラ プー
　パピラ ポピラ プー
きょうりゅうに なっちゃった
ギャオ〜 ギャオ〜 ギャオ〜

2.
めだかに
※くり返し
くじらに なっちゃった
プシュー プシュー プシュー

3.
おみずに
※くり返し
オレンジジュースに なっちゃった
ごく ごく ごく

カツリキ先生より

呪文を唱えて、いろいろなものに魔法をかけましょう。友だちや先生にも、「♪パピラポピラプー」！ 何に変身するか、子どもたちと会話を楽しみながら相談して、オリジナルの魔法をつくると、楽しさ倍増ですよ！

低年齢児からできるあそび

まほうをかけたら

1番 **1** トカゲに まほうを　**2** かけたら　　**3** なんに なる ハイ

両手のひらを前に向け、右へ、左へと動かす。

内側から外へ、両手を交差させる。

手拍子を5回し、「♪ハイ」でひとさし指を立てる。

4 パピラポピラ　プー
　　パピラポピラ　プー

5 きょうりゅうに なっちゃった

6 ガオ〜

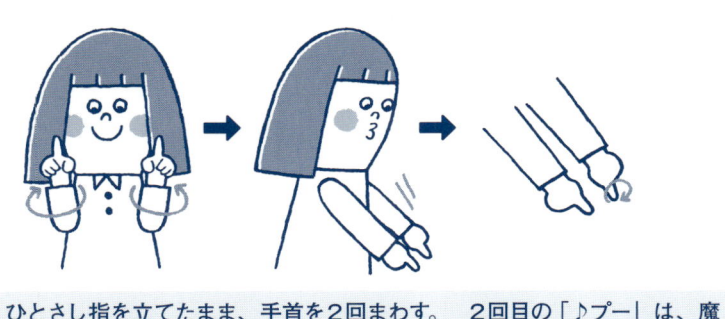

ひとさし指を立てたまま、手首を2回まわす。1回目の「♪プー」は、ひとさし指と両腕をまっすぐ前へ伸ばす。

2回目の「♪プー」は、魔法をかけているように、ひとさし指をくるくるまわす。

つめを立てて、恐竜のような手をつくり、両手を交互に上下させる。

5の手のまま、両手を上下に広げ、かみつく動き。

★ **2番** **3番** は、**5** **6** を、以下のようにする。

2番 **5** くじらに なっちゃった　**6** プシュー　プシュー　プシュー

3番 **5** オレンジ ジュースに なっちゃった　**6** ごく ごく ごく

大きく両腕を広げる。

顔の前で手を合わせ、頭の上に上げていき、潮がふき上がるイメージで両腕を広げる。3回くり返す。

右手でグラスを持つしぐさをし、リズムに合わせて左右に揺れる。

グラスを口に近づけて飲むようなしぐさをする。

低年齢児からできるあそび

ホ・ホ・ホタテ

2歳児〜 トラック26

1.
ホ ホ ホタテ ホ ホタテ
へんしんしたよ
チューリップ パッ!

2.
ホ ホ ホタテ ホ ホタテ
へんしんしたよ
コンパクト パタパタパタ

3.
ホ ホ ホタテ ホ ホタテ
へんしんしたよ
サングラス イエーイ!
ホ ホ ホタテ ホ ホタテ
ホ ホ ホタテ ホ ホタテ

カツリキ先生より

ホタテ貝が、いろいろなものに変身します! カスタネットやワニなどになってもおもしろいですね。イメージをふくらませて楽しみましょう。

低年齢児からできるあそび

ホ・ホ・ホタテ

1番

1 ホ ホ **2** ホタテ **3** ホ **4** ホタテ

ほおに手の甲を近づけ「おほほ」のポーズをする。

胸の前で、両手のひらをふわっと合わせ、貝の形をつくる。

1と逆の手で「おほほ」のポーズ。

2と同様に。

5 へんしんしたよ **6** チューリップ **7** パッ！

2の手をつくり、くねくねと8の字に動かす。

合わせた手を縦にし、顔の前へ持ってくる。

手首をつけたまま、パッと花が咲くように開く。

★ **2番** **3番** は、**6** **7** を以下のようにする。

2番 **6** コンパクト **7** パタパタパタ **3番** **6** サングラス **7** イエーイ

「♪ト」で、指先をつけたまま、上の手首を上げる。

お化粧をするように、顔を手で軽くはたく。

指先をつけたまま、両手で目を隠す。

そのまま両手を頭の上に滑らせる。

低年齢児からできるあそび

2歳児〜 トラック27

マジカルメガネ

1.
※マジカル　マジカルメガネ
　びっくり　どっきり　メガネ
マジカルメガネで　そらを　みたら
ユーフォー
ブイーン　ブイーン　ブイーン

2.
※くり返し
マジカルメガネで　かわを　みたら
かっぱ
かっぱ　かっぱ　かっぱっぱー
※くり返し
マジカルメガネを　かけてみよう

カツリキ先生より

ユーフォーだって、かっぱだって、なんでも見えちゃうマジカルメガネ。子どもたちに何が見えるか聞いてみたら、意外な答えが飛び出すかもしれませんね。会話を楽しみながら、マジカルメガネ、みんなでかけてみてね！

マジカルメガネ

1番

1 マジカル
右手を顔の横にさっと出す。

2 マジカル
右手はそのままで、左手もさっと出す。

3 メガネ
親指とひとさし指でめがねのように輪をつくり、目に当てる。

4 びっくり どっきり メガネ
1 **2** **3** と同様に。

5 マジカルメガネで
手拍子を6回する。

6 そらを みたら
「♪そらを」で **3** と同様にし、「♪みたら」で、上を見上げる。

7 ユーフォー
手のひらを下へ向け、両腕を重ねる。

8 ブイーン ブイーン ブイーン
7 のまま、小刻みにひじを上げ下げして揺らす。

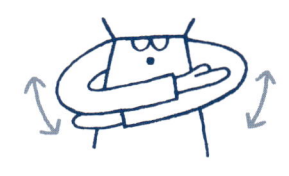

★**2番**は、**6**〜**9**を以下のようにする。

2番

6 かわを みたら
「♪かわを」で **3** と同様にし、「♪みたら」で下をのぞき込む。

7 かっぱ
右手を頭の上にのせてお皿をつくる。

8 かっぱ かっぱ かっぱっぱー
「♪かっぱ」で左手でお皿をつくり、次の「かっぱ」で右手に変える。3回目の「♪かっぱっ」で左手、「♪ぱー」で右手に変える。

9 マジカルメガネをかけてみよう
3 と同様に。

低年齢児からできるあそび

2歳児〜
トラック 28

プリン・プリン・プリン

1.
プリンプリンプリン
プリンプリンプリン
おやまじゃ ないよ
プリンプリンプリン
プリンプリンプリン
いつでも げんき
おさらの うえで
プルルン おどった

2.
プリンプリンプリン
プリンプリンプリン
ゼリーじゃ ないよ
プリンプリンプリン
プリンプリンプリン
あわてんぼうさん
スプーンの うえで
ツルリン すべった

3.
プリンプリンプリン
プリンプリンプリン
おしりじゃ ないよ
プリンプリンプリン
プリンプリンプリン
あらあら ふしぎ
おくちの なかで
トロリン きえた

カツリキ先生より

子どもたちが大好きなあま〜いプリンの歌。楽しいメロディーに合わせて、プリンがプルルンと揺れる様を表現しましょう。

プリン・プリン・プリン

1番

1 プリンプリンプリン
　　プリンプリンプリン

2 おやまじゃ　ない　　よ

3 プリン
　　プリン
　　プリン
　　プリン
　　プリン
　　プリン

| 手のひらを下に向けて指先をくっつけ、左右に揺らす。 | 両手の指先を頭の上で合わせて、山の形をつくる。 | そのまま横に傾く。 | **1** と同様に。 |

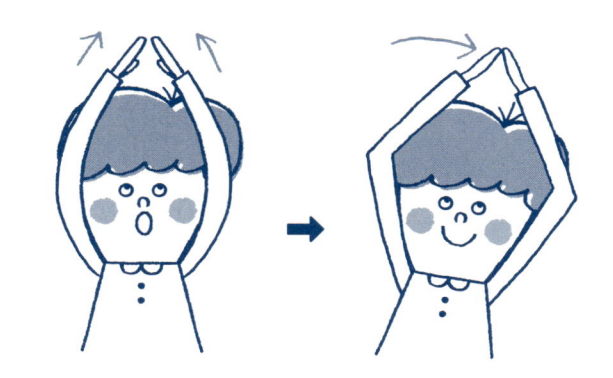

4 いつでも　げんき

5 おさらの　うえで　プルルン

6 おどった

| 力こぶのポーズ。 | **1** の動きをゆっくりする。 | 両手を開いて上げる。 |

低年齢児からできるあそび

プリン・プリン・プリン

★ 2番 3番 は、2〜6を以下のようにする。

2番

2 ゼリーじゃ ないよ

両手をグーにして両わきを締める。 → そのまま横に傾く。

3 プリンプリンプリン プリンプリンプリン

1 と同様に。

4 あわてんぼうさん

右手を頭に、左手を腰に当てる。

5 スプーンの うえで ツルリン

1 の動きをゆっくりする。

6 すべった

右手を前に、左手を後ろに出し、滑るまねをする。

3番

2 おしりじゃないよ

おしりを左右に振る。 そのまま片側で止める。

3 プリンプリンプリン プリンプリンプリン

1 と同様に。

プリン・プリン・プリン

4 あらあら ふしぎ

ひとさし指を立て、顔の横に出す。

5 おくちの なかで トロリン

1の動きをゆっくりする。

6 きえた

両手を胸の前で交差してから開く。

もっと楽しい ワクワク アイデア

その❶ 全身でプリンを表現！

「♪プリンプリンプリン」で、手の振りに加えておしりをフリフリしてみよう！ **6**も全身でポーズを決めると楽しいよ！

●例えば……
❶番「♪おどった」は自由にダンスのポーズ。❷番「♪すべった」は足も使ってツルリンと滑るポーズ。❸番「♪きえた」では、顔を隠してしゃがむポーズなど

その❷ 大きいプリン、小さいプリンをつくろう！

●例えば……
ぞうさんのプリンは、動作と声を大きく
ありさんのプリンは、動作と声を小さく

低年齢児からできるあそび

2歳児〜 トラック29

おにぎりさん

おにぎりさん　おにぎりさん
さんかく　おやまの　なかみは　なに
ツナ　めんたいこ　うめぼし　こんぶ

カツリキ先生より

「何おにぎりが好き？」「どのおにぎりが食べたい？」などのことばかけをしながら、いつでもどこでも簡単にできます。子どもたちは、具を言うときに変な顔になるところで大爆笑。乳児の場合は、ほおを優しくつまんだり、むにゅーっとしたりして、ふれあいを楽しんでください！

低年齢児からできるあそび

♩=124

おにぎりさん　おにぎりさん　さんかくおやまの
なかみは　なに　ツナー
めんたいこ　うめぼしー　こんぶ

おにぎりさん

1 おにぎりさん　おにぎりさん

両手の指をそろえて軽く曲げ、右手を上に、左手を下にして、胸の前でおにぎりを握る動きを2回する。

手を逆にして同様に。

2 さんかく　おやまの　なかみは

両手の指先を頭の上に向けて山の形をつくり、少し下げる。4回くり返す。

3 なに

首を傾けながら、**3**の指を左まわりに1回転させて元の位置で止める。

4 ツナ

両手で両ほおを引っぱる。

5 めんたいこ

「♪めん」で両手でアッカンベーをする。「♪たいこ」で両手でお腹をポンと叩く。

6 うめぼし

両手で両ほおを内側に押す。

7 こん　　　ぶ

「♪こん」でグーにした両手で頭を軽くたたく。「♪ぶ」で、右手のひとさし指を立てて鼻を上に上げる。

低年齢児からできるあそび

2歳児〜 トラック30

むしむしジャンケン

ダンゴムシ　ダンゴムシ
グルグルグルリン　グー　（グー！）
クワガタ　クワガタ
ガシガシガッシン　チョキ　（チョキ！）
チョウチョ　チョウチョ
ヒラヒラヒラリン　パー　（パー！）
それ　かつぞ　まけないぞ
むしむしジャンケンポン　（ポン！）

カツリキ先生より

カツリキのうたあそびのなかでも、人気の高いじゃんけんあそび。まだじゃんけんのできない乳児でも、3種類の虫のポーズを楽しみながらあそべます。覚えやすいゆかいなメロディーで、盛り上がることまちがいなし！　慣れたら少しずつ速くしてやってみましょう。

低年齢児からできるあそび

むしむしジャンケン

1 ダンゴムシ　ダンゴムシ

両手をグーにして顔の横に置き、リズムに合わせて左右に揺れる。

2 グルグルグルリン

かいぐりをする。

3 グー

グーにしたまま、前に出す。

4 （グー！）

右手を上げる。

5 クワガタ　クワガタ

両手をチョキにして頭の上に上げ、リズムに合わせて左右に揺れる。

6 ガシガシガッシン

5の形のまま、両手を斜めに2回動かす。

7 チョキ

チョキにしたまま、前に出す。

8 （チョキ！）

右手を上げる。

9 チョウチョ　チョウチョ

パーにした両手の親指どうしをくっつけ、リズムに合わせて左右に揺れる。

低年齢児からできるあそび

むしむしジャンケン

10 ヒラヒラヒラリン 
9の形のまま、手のひらを2回ひらひらと動かす。

11 パー 
パーにしたまま、両手を前に出す。

12 （パー！） 
右手を上げる。

13 それ　かつぞ 
右手をグーにして、わきを締める。

14 まけないぞ 
右手はそのまま左手でも同様に。

15 むしむしジャンケンポン 
拍手を5回する。

16 ポン！ 
右手を高く上げて、じゃんけんをする。

低年齢児からできるあそび

全身を使ってジャンケンポン！
3種類の虫になりきって、全身を使ってジャンケンをしてみよう！

グー 
手をグーにして、しゃがみ込んで丸くなろう！ダンゴムシのポーズだよ。

チョキ 
手はチョキでクワガタのポーズ！足は前後に開こう。

パー 
手はパーで、両腕を上げよう！足は左右に開いてちょうちょのポーズ！

もっと楽しいワクワクアイデア

運動会・夏祭り・発表会

「運動会のダンス、何にしよう?」
「盆踊りも毎年同じだなぁ」
「発表会で踊れる曲はないかな?」……。
そんな悩みにこたえる、元気でゆかいな
ダンスがいっぱいです。

かつおぶし音頭

3歳児〜　トラック31

1.
かつおぶしぶし　かつおぶし　あ　それ
かつおぶしぶし　かつおぶし　あ　よいしょ
あつあつ　おこのみやきの　うえで　おどる
ヒラヒラヒラヒラ　ヒラヒララー
ペラペラペラペラ　ペラペララー
ソレソレソレソレ　ソレソレレー
※ハラホロヒレハレ　ハラホロヒレハレ
　ハラホロヒレハレ　ハラホロヒレハレ
　はぁ〜　おどれ　おどれ
　よいしょ

2.
かつおぶしぶし　かつおぶし　あ　それ
かつおぶしぶし　かつおぶし　あ　ほいさ
あつあつ　たこやきの　うえでおどる
フニャフニャフニャフニャ　フニャフニャニャー
ホレホレホレホレ　ホレホレレー
ネチョネチョネチョネチョ　ネチョネチョネー
※くり返し
　それ
※くり返し

カツリキ先生より

お好み焼きの熱で、おもしろい動きをするかつおぶし。そのようすを表現した新感覚の盆踊りです。「♪ペラペラ」や「♪フニャフニャ」はひかえめに、「♪ソレソレ」や「♪ホレホレ」は激しく踊ると、その変化に子どもたちは大喜び！「♪あ　それ」は、かつおが水面から飛び跳ねるイメージで勢いよく、「♪ハラホロヒレハレ」は、オーバーに全身を動かすと、楽しさがアップします。

運動会・夏祭り・発表会

かつおぶし音頭

かつおぶしぶし

あそれ あそれ / あよいしょ あほいさ
かつおぶし かつおぶしぶし かつおぶし

あつあつおこのみやきーの / あつあつたこーやきーの
うえでおーどる

ヒラヒラヒラヒラ ヒラヒラー / フニャフニャフニャフニャ フニャフニャー
ペラペラペラペラ ペラペラー / ホレホレホレホレ ホレホレー

ソレソレソレソレ ソレソレー / ネチョネチョネチョネチョ ネチョネチョー
ハラホロヒレハレ ハラホロヒレハレ

ハラホロヒレハレ ハラホロヒレハレ〜〜〜 はぁ〜 おどれおーど

1. よいしょ れ
2. それ れ D.S.

Coda れー

かつおぶし音頭

前奏 1 
最初の8呼間はその場でリズムをとり、「パパン」のリズムで2回手拍子をする。「パン」で両腕を広げ、右足をふみだし、左足を後ろに上げる。2回くり返す。

1番 2 かつお ぶしぶし 
両手を合わせて、前に出す。右足を前にふみだす。
ひじを直角に曲げ、左足を右足に寄せて両足をそろえる。

3 かつおぶし
左側へ同様に。

4 (あ それ) 
両手を斜め右上に上げ、右足をふみだし、左足を後ろに上げる。

5 かつお ぶしぶし かつおぶし (あ よいしょ)
2～4と同様に。

間奏 6 (8呼間) 
手拍子をしながら4歩でまわる。

7 (8呼間)
「パパンがパン」のリズムで手拍子をする。

8 あつあつ おこのみ 
両手を開いて頭の上へ上げ、同時にひざを伸ばしたまま右足を少し上げる。
両腕で大きな丸をつくり、「♪お」で右足のかかとをトンと地面につける。

9 やき の 
手足と向きを逆にして同様に。

10 うえで おど る 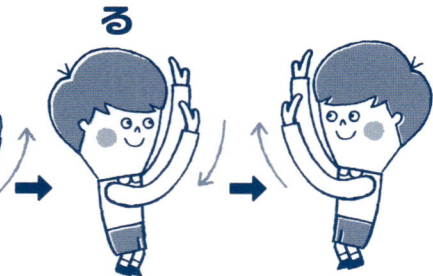
両腕を右上から弧を描くように下ろし左上へ移動。
左上に上げたまま止まる。
左上から右上へ同様に。

11 ヒラ ヒラ ヒラ ヒラ ヒラ ラー ヒラ 
両手をひらひらさせながら、右側にジャンプ。
左側へ同様に。2回くり返す。

12 ペラ ペラ ペラ ペラ ペラ ペララー
上げた両腕と、全身をくねくねと揺らす。

13 ソレソレソレソレ 
両腕を右上にまっすぐあげ、右足を斜め前に出す。
両腕を引き、右足を戻し両足をそろえる。2回くり返す。

かつおぶし音頭

14 ソレソレレー

15 ハラホロヒレハレ ×3

16 ハラホロヒレハレ

17 はぁ～

18 おどれおどれよいしょ

左側へ同様に。

首は左右に振り、ひじを曲げた両手を下げて、手首をクネクネ動かす。両足はがに股で交互に上げる。反時計まわりにまわる。

両手を上げて全身をクネクネさせる。

クネクネしながらその場にしゃがむ。

さっと立ち上がり、両手を右上に上げる。

9 と同様に。

2番 **19** かつおぶしぶし　かつおぶし
（あ　それ）
かつおぶしぶし　かつおぶし
（あ　ほいさ）
あつあつ　たこやきの
うえで　おどる

20 フニャフニャ　フニャフニャ

21 フニャフニャニャー

1 ～ 9 と同様に。

手のひらを下にした右手を右上に、手のひらを下にした左手を左下に出し、波打つようにフニャフニャさせる。左足のかかとを上げる。

逆向きに同様に。

20 と同様に。

22 ホレホレ×2

23 ホレホレレー

24 ネチョネチョネチョネチョ

25 ネチョネチョネー

「どじょうすくい」のように、手のひらを上にしてそろえ、右下にシュッと出す。ひざを伸ばした右足のつま先を右前に出す。

ひじを曲げて両手を引き、右足を戻す。

逆向きに同様に。

胸の高さに上げて開いた両手を、くねくねさせながら下ろす。右足を一度上げてつま先だけつける。足を逆にして同様に。

24 と同様に。

26 ハラホロヒレハレ ×4

27 はぁ～
おどれ
おどれ
それ

28 ハラホロヒレハレ ×4
はぁ～
おどれ
おどれ

15 16 をくり返す。　　17 18 と同様に。　　26 27 と同様にしたあと、2 4 と同様に。

3歳児〜 トラック32

かっぱ体操

1.
※かっぱ　かっぱ　かっぱっぱー
　かっぱたいそう　１２３
　かっぱたいそう　１２３
　かっぱ　かっぱ　かっぱっぱー
　かっぱたいそう　１２３
　ひざを　まわして（ひざを　まわして）
　おへそ　まわして（おへそ　まわして）
　かたを　まわして（かたを　まわして）
　おさら　まわして（おさら　まわして）
　かっぱぱの　ぱ

（せりふ）
「まずは　あしひれを　プラブラブラ〜
　はんたいも　プラブラブラ〜
　つぎは　みずかきと　みずかきを　あわせて
　クルグルグル〜　クルグルグル〜
　それでは　みんなで　げんきに　かっぱジャンプ
　ピョーンピョーン　ピョンピョーン
　ピョンピョーン　ピョンピョーン」

2.
※くり返し
　ひざを　のばして（ひざを　のばして）
　おへそ　のばして（おへそ　のばして）
　わきを　のばして（わきを　のばして）
　てあし　のばして（てあし　のばして）
　かっぱぱの　ぱ

（せりふ）
「さいごに　かっぱしんこきゅう
　おおきく　すって　か〜
　おおきく　すって　ぱ〜
　おしまい」

カツリキ先生より

特に、「♪おさらまわして〜」のところがポイント。しっかりまわしてね。力を抜き、リラックスして体操してね。最後の「か〜」「ぱ〜」と吐き出す深呼吸も、しっかりと！

かっぱ体操

かっぱ体操

前奏 1

上半身を左右に揺らし両手を腰の辺りで上げ下げしながらリズムをとる（8拍）。

1番 2 かっぱ　かっぱ

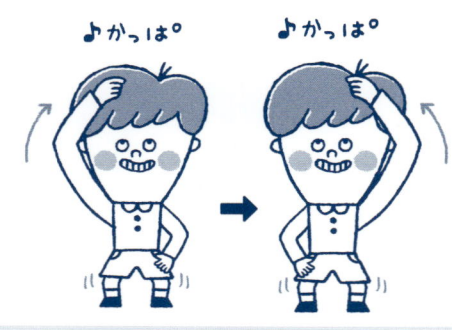

足を開き軽くひざを曲げる。右手を頭にのせ、左手は腰の辺りに当てる。手を逆にして、同様に。

3 かっぱっぱー

2 と同様に。

4 かっぱたいそう

手を胸の前で交差させ、横に広げて力こぶのポーズ。

5 1　2　3

4 と同様に。

6 かっぱ　かっぱ　かっぱっぱー

2　3 と同様に。

7 かっぱたいそう

足をもう少し開き、上体を倒して右足首に両手をつけたあと、腕を広げて後ろに反る。

8 1　2　3

左側も 7 と同様に。

9 ひざを まわして ×2

足を軽く閉じ、ひざに両手を当て、右方向と左方向に1回ずつまわす。

10 おへそ まわして ×2

両手を腰に当て、右方向と左方向に1回ずつまわす。

11 かたを まわして ×2

後方と前方に向かって肩を1回ずつまわす。

12 おさら まわして ×2

右手を頭に当て、首を2回まわす。

かっぱ体操

13 かっぱぱの ぱ　間奏 **14** まずは あしひれを プラブラブラ〜 はんたいも プラブラブラ〜　**15** つぎは みずかきと みずかきを あわせて クルグルグル〜…　**16** それでは みんなでげんきに かっぱジャンプ…

♪かっぱぱの　♪ぱ

両手で頭を軽く2回たたいて、上に広げ軽くジャンプする。　右足を上げ、両手といっしょに振る。左足も同様に。　両手の指を組んで、手首をまわす。　両手を腰の両側辺りにかまえて、その場で自由に数回ジャンプ。

2番 **17** かっぱかっぱ かっぱっぱー かっぱたいそう 1 2 3

かっぱかっぱ かっぱっぱー かっぱたいそう 1 2 3

18 ひざを のばして ×2　**19** おへそ のばして ×2　**20** わきを のばして ×2

2〜8の動きと同様に。　両足を開いてひざに手をのせ、左足を曲げ右足を伸ばす。反対も同様に。　腰に手を当て、後ろに反る。2回行う。　左手を腰に当て、右腕を上げて左側に体を曲げる。左腕も同様に。

21 てあし のばして ×2　**22** かっぱ ぱのぱ　**23** さいごに かっぱしんこきゅう …　**24** おしまい

右足だけで立ち、左足を後ろに上げて伸ばし、両手で水をかくような動きをする。左足で立って同様に。　右足で立って同様に。　手を広げて胸を反らせ息を吸い、手を前で交互させ「か〜」で息を吐く。「ぱ〜」でも同様に吐く。　右手で2と同様に、かっぱの決めポーズ。

運動会・夏祭り・発表会

95

3歳児〜 トラック33 どんぐりマン

1.
※どんぐりぐりぐり　どんぐりマン
　どんぐりぐりぐり　どんぐりマン
　どんぐりマン
どんぐりでっぽう　バンバンバン　バンバンバン
どんぐりゴマ　クルクルクルクルリン
どんぐりチョップ　エイエイエイ　エイエイエイ
おいけには　はまらない　スイスイスイの　スイー
※くり返し

2.
かけっこしよう　ランランラン　ランランラン
おすもうしよう　ドスコイ　ドスコイ　ドスコイ
ちょこっと　ひとやすみ　グースカグー　グースカグー
どんぐりロケット　うちあげろ　ヒュー　ドカーン
※くり返し
みんなで　てを　つないで　わに　なろう
ほらほら　できたよ　どんぐりの　くびかざり
※くり返し
バンバンバンバン　クルクル
エイエイエイエイ　スイスイスイ
ランランランラン　ドスコイ
グースカグースカ　ヒュー　ドカーン
どんぐりマン

カツリキ先生より

みんなで「どんぐりマン」に大変身！　どんぐりでっぽう、どんぐりゴマ、どんぐりチョップと、いろいろな動きを楽しもう。

運動会・夏祭り・発表会

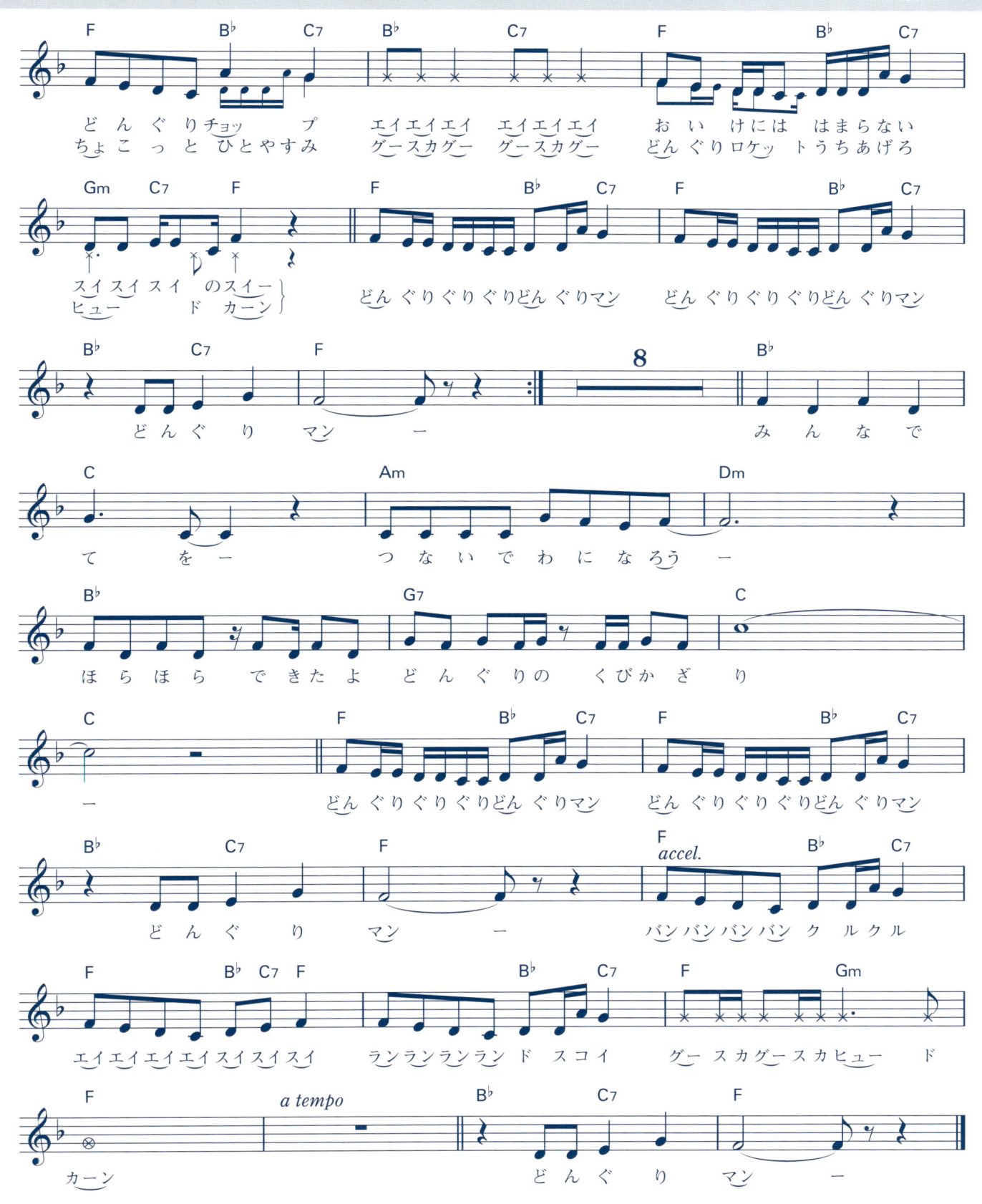

どんぐりマン

どんぐりマン

1 
音楽が始まるまで、どんぐりを握っているイメージで、両手でグーをつくり両わきを締めてポーズ。

前奏 2
右ひじを曲げ左手を右手のひじにつける。

→ 左も同様に左右交互に行う。その場で足ぶみをする（16拍）。

1番 3 どんぐりぐりぐり 
軽くひざを曲げながら、グーにした両手をわきのあたりでぐるぐるまわす。

4 どんぐりマン 
両手をグーのまま頭につけて、左足を上げて曲げ、右に体を傾ける。

5 どんぐりぐりぐり どんぐりマン 
3 4 と同様に。

6 どんぐり　　マン 
かいぐりをしながら、軽くしゃがみ、また立ち上がる。

右手はグーのまままっすぐ伸ばし、左腕はひじを曲げて、こぶしを右胸につける。右足を前に出す。

間奏 7
2 と同様に（8拍）。

運動会・夏祭り・発表会

どんぐりマン

8 どんぐりでっぽう

両手で鉄砲の形をつくり、前に向かって2回振り下ろす。手の動きに合わせて、ひざを曲げる。

9 バンバンバン

右側に向かって、鉄砲の形の手を3回振り下ろす。手の動きに合わせて、ひざを曲げる。

10 バンバンバン

9と同様に、左側へ。

11 どんぐりゴマ

両腕で、体の前で大きな円をつくる。

12 クルクルクルクルリン

11のポーズのまま右に1回転。

13 どんぐりチョップ

両手のひらをピンと伸ばし、ひじを曲げた姿勢から前に2回振り下ろす。

14 エイエイエイ

右側に向かって3回振り下ろす。

15 エイエイエイ

14と同様に、左側へ。

運動会・夏祭り・発表会

どんぐりマン

16 おいけには　はまらない

左手を腰に当て、右手のひらをピンと伸ばして顔の前に。

ひざを曲げながら、右手を左右にくねくね振る。

17 スイスイスイのスイー

平泳ぎのように、両手で水をかく動作を2回行う。

18 どんぐり
ぐりぐり
どんぐりマン
どんぐり
ぐりぐり
どんぐりマン
どんぐりマン

3～6と同様に。

間奏 19

1と同様に。

2番 20 かけっこしよう

右腕を前に、左足を上げて走るポーズをとる。「♪しよう」で左右を入れ替える。

21 ランランランランランラン

20の動きをすばやく行う。

22 おすもうしよう

軽く曲げたひざに両手を当て、右足でしこをふむ。「♪しよう」で左足も同様に。

23 ドスコイドスコイドスコイ

軽くひざを曲げ左右の手を交互に出して、張り手をする。

---

24 ちょこっとひとやすみ

両手を合わせて右のほおに当て、顔を右側に傾ける。

25 グースカグーグースカグー

24の動きを左から左右1回ずつ行う。

26 どんぐりロケットうちあげろ

両手の指先を頭の上で合わせ、ロケットの形をつくる。

27 ヒュードカーン

軽くしゃがんでから、両手両足を広げてジャンプ。

どんぐりマン

28 どんぐり
ぐりぐり
どんぐりマン
どんぐり
ぐりぐり
どんぐりマン
どんぐりマン

間奏 29

30 みんなで てを つないで
わに なろう ほらほら できたよ
どんぐりの くびかざり

31 どんぐり
ぐりぐり
どんぐりマン
どんぐり
ぐりぐり
どんぐりマン
どんぐりマン

3～6と同様に。

1と同様に (32拍)。

(円になるなど隊形移動) 友だちと手をつないで、前後に大きく振る。「♪どんぐりの」の「♪の」で手の動きを止め、「♪くびかざり」の「♪り」でつないだ手を高く上げる。

3～6と同様に。

32 バンバン
バンバン

33 クルクル

34 エイエイ
エイエイ

35 スイスイ
スイ

36 ランラン
ランラン

8と同様に。

11と同様に。

13と同様に。

16の1つ目の動きと同様に。

21と同様に。

37 ドスコイ

38 グースカ
グースカ

39 ヒュ～ ドカーン

40 どんぐりマン

♪どんぐり ♪マーン

23と同様に。

24と同様に。

26 27と同様に。

最後に6の動きで決めポーズ。

運動会・夏祭り・発表会

3歳児〜 トラック34 ダンゴムシ・ロック

1.
※ダンゴ ダダンダン
　ダンゴ ダダンダン
　おいら ダンゴムシ ヘイヘイ
　ダンゴ ダダンダン
　ダンゴ ダダンダン
　ダンゴ ダンダン ダダンダン ヘイヘイ
まるく なれるぞ コロコロ コロコロ
かれは だいすき バリバリ バリバリ
ひっくりかえって バタバタ バタバタ
くすぐりこうげき コチョコチョ コチョコチョ
おまめじゃ ないよ おいらは ダンゴムシ
いしや かれはを さあ どけて みて

2.
※くり返し
ひっくりかえって バタバタ バタバタ
くすぐりこうげき コチョコチョ コチョコチョ
ワラジじゃ ないよ おいらは ダンゴムシ
うえきばちを さあ どけて みて
※2回くり返し
ヘイヘイ

カツリキ先生より

元気でユーモラスなロックンロール。ダンゴムシになったつもりで、丸くなったり転がったり、体全体を使って表現しよう。

ダンゴムシ・ロック

ダンゴムシ・ロック

前奏 1

右を向いて右足を出し、両腕を上下させる。次に左も同様の動きをする。正面を向いて、腰を振りながら両腕を上下させる（それぞれ4拍ずつ）。

かいぐりをしたら、グーを胸の辺りに持ってきてピタッと止める。

1番

2 ダンゴ ダダンダン

右を向いてかいぐりをする。

3 ダンゴ ダダンダン

左を向いてかいぐりをする。

4 おいら ダンゴムシ

左手を腰に当て、右手の親指で3回、自分をさし示す。

5 ヘイヘイ

右手をグーにして2回突き上げる。

6 ダンゴ ダダンダン ×2

2 3 と同様に。

7 ダンゴ ダダンダン ダダンダン

♪ダン ♪ダン

両手でグーをつくり、交互に胸をたたくしぐさをする。「♪ダンダン」で交互に1回ずつ、「♪ダダンダン」で交互に3回行う。

8 ヘイヘイ

5 と同様に。

間奏 9

両腕を振りながら、その場で足ぶみ（8拍）。

ダンゴムシ・ロック

10 まるく なれるぞ 
しゃがんで頭を両手で押さえる。

11 コロコロ コロコロ 
右まわりに回転しながら立ち上がる。手はかいぐりをする。

12 かれは だいすき
左手を腰に当てて右手を前に出し、手のひらをひらひらさせながら左から右に動かす。左手も同様に。

13 バリバリ バリバリ 
両手首を合わせ手をパクパクさせながら左から右に動かす。

14 ひっくりかえって バタバタ バタバタ
床に寝転び、両手両足を空中でバタバタさせる。

15 くすぐり こうげき 
立ち上がって隣の子と向き合い、手を前に出して顔の前で左右に動かす。

16 コチョコチョ コチョコチョ 
友だちとくすぐり合う。

17 おまめじゃ ないよ 
正面を向き、指を合わせて豆の形に丸をつくる。  → 頭の上で手を交差させて、バツをつくる。

18 おいらは ダンゴムシ 
4と同様に。

運動会・夏祭り・発表会

ダンゴムシ・ロック

19 いしや　　かれはを

右手をグーにして前に出し、左手を
パーにして上に重ねる。

20 さあ　どけて　　みて

重ねた手を2回上げ下げし、
勢いよく上に手を広げる。

2番 **21** ダンゴ　ダダンダン
　　　ダンゴ　ダダンダン
　　　おいら　ダンゴムシ
　　　ヘイヘイ
　　　ダンゴ　ダダンダン
　　　ダンゴ　ダダンダン
　　　ダンゴ　ダンダン
　　　ダダンダン　ヘイヘイ

間奏 **22**

23 ひっくりかえって
　　　バタバタバタバタ
　　　くすぐりこうげき
　　　コチョコチョ
　　　コチョコチョ

2〜8と同様に。

1のはじめの動きを右・左・
正面に8拍ずつ行ったあと、
9の動きをする。

14〜16と同様に。

24 ワラジじゃ　　ないよ

両手を腰に当て、右
足の裏を見せる
ように前に上げる。

頭の上で手を交差
させて、バツをつくる。

25 おいらは　ダンゴムシ

4と同様に。

ダンゴムシ・ロック

26 うえき　　　　ばちを

♪うえき　　♪ばちを

左手を腰に当て、物をつかむように右手を前に出す。

左手も同様に前に出し、両手で植木鉢の形をつくる。

27 さあ　どけて　　みて

♪さあ　どけて　　♪みて

20と同様に。

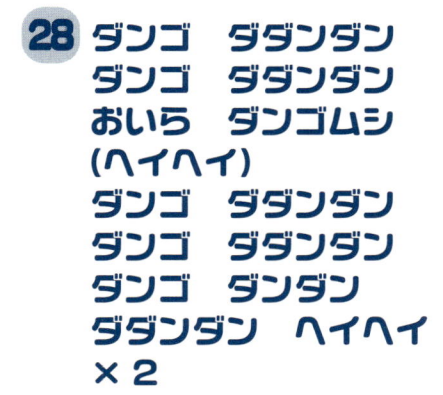

28
ダンゴ　ダダンダン
ダンゴ　ダダンダン
おいら　ダンゴムシ
（ヘイヘイ）
ダンゴ　ダダンダン
ダンゴ　ダダンダン
ダンゴ　ダンダン
ダダンダン　ヘイヘイ
×2

2〜8と同じ動きを2回くり返す。

後奏 29

1のはじめの動きのあとに、「♪ヘイヘイ」で5の動きをし、音楽が終わったら急いで10のポーズを取る。

ふだんの保育のなかに取り入れてみよう！

もっと楽しいワクワクアイデア

全身を使った動きは、雨の日の発散あそびにもぴったり。この歌をうたいながらダンゴムシを探したり、「♪くすぐりこうげき」のところで、友だちを思いきりくすぐってふれあいあそびを楽しんだりしてみよう！

運動会・夏祭り・発表会

107

サンマ・サンバ

3歳児～ トラック35

1.
※1 サンマサンバ　サンマサンバ
　　サバも　サンバ　サメも　サンバ
　　サンマサンバ　サンマサンバ
　　サンマサンマ　サンマサンバ
　たのしい　うみの　カーニバル
　ホタテの　はくしゅ
　チャチャチャ　チャチャチャ
　ゆかいな　うみの　カーニバル
　ワカメの　ダンス　ユラユラララ
　※1くり返し
　ウ！

2.
　たのしい　うみの　カーニバル
　イルカの　ジャンプ
　ジャバジャバ　ジャバーン
　ゆかいな　うみの　カーニバル
　クジラの　シャワー　プシュー　プシュー
※2 サンマサンバ　サンマサンバ
　　タコも　サンバ　イカも　サンバ
　　サンマサンバ　サンマサンバ
　　サンマサンマ　サンマサンバ
　ウ！
　※1くり返し
　※2くり返し
　サンマ　サンマ　サンマサンバ　ウ！

カツリキ先生より

サンマになって、サンバのリズムを刻む陽気なダンス曲。「サンマ」「サンバ」の「サン」とかけて、指を3本立てて踊るのもポイントです。「ウ！」の掛け声をみんなで言うとさらに気持ちが高まります！　低年齢児でも踊れるよう簡単なステップですが、慣れてきたら、部分的にサンバステップを取り入れてみましょう。サンマのお面やヒラヒラしたマント風の衣装などを着けてもかわいいですよ！

サンマ・サンバ

たのしい うみの カーニバル
｛ホタテ の はくしゅ / イルカ の ジャンプ｝
｛チャチャチャ チャチャチャ / ジャバ ジャバ ジャバーン｝
ゆかいな うみの カーニバル
｛ワカメ の ダンス / クジラ の シャワー｝ ｛ユラユラ ラ プシュー プシュー｝
サンマ サンバー サンマ サンバー ｛サバ も サンバー サメ も サンバー / タコ も サンバー イカ も サンバー｝ サンマ サンバー サンマ サンバー サンマ サンマ

1. サンマ サンバ ウ！
2. サンマ サンバ ウ！
D.S.

Coda
サンマ サンバ サンマ サンバー サンマ サンバー タコ も サンバー イカ も
サンバ サンマ サンバー サンマ サンバー サンマ サンマ
サンマ サンバ サンマ サンマ サンマ サンバ ウ！

サンマ・サンバ

前奏

1 4呼間 
両手の指を3本立てて、右足から右に3歩歩く。肘を曲げた両手は上に、4歩目の左足を右前へ蹴り上げる。

2 4呼間
左側に同様に。

3 4呼間 
その場で足ぶみをしながら1回転する。

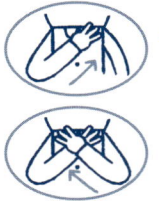

4 1呼間ずつ 
右手を胸に置く。左手を交差させて胸に置く。両腕を開いて上へ伸ばす。

1番

5 サンマ　サンバ 
ひじを曲げて右手と左手を横に開き、右足を横にふみ込みながら小刻みに両手を揺らす。休符で手は胸の位置にだしてまっすぐ立つ。

6 サンマ　サンバ
左側に同様に。

7 サバも　サンバ 
右足を前にふみ込みながら、肘を曲げた両手を前に出して小刻みに揺らす。

8 サメも　サンバ  
「♪サ」で右手を胸に置く。「♪ン」で左手を交差させて胸に置く。「♪バ」で両腕を開いて上へ伸ばす。

9 サンバサンバサンマサンバ
5　6と同じ。

10 サンマ　サンマ 
ひじを曲げた両手を上げ、右足を左前に上げる。足を逆にして同様に。

11 サンマサンバ 
手は10のまま、お尻を3回左右に揺らしながらひざを曲げてしゃがむ。

12 たのしい　うみの　カーニバル 
「♪たのしい　うみの」で両手を開いて体の前に下ろし、小走りしながら両腕を上げる。「♪カーニバル」で同様に逆の動きで元の場所に戻る。

13 ホタテの　はくしゅ
両手を上下にふんわり合わせて貝の形をつくり、ぱかっと開く。

14 チャチャチャ　チャチャチャ
顔の右側で3回拍手。顔の左側で3回拍手。

サンマ・サンバ

15 ゆかいな うみの カーニバル

12と同様に。

16 ワカメの ダンス

上に伸ばした両手を揺らして下げながら、ひざを曲げてしゃがんでいく。

17 ユラユララ

「♪ユラ」で右側で両手を1回振る。そのまま両手を体の前を通して左側へ上げる。

（※1くり返し部分共通）
18 サンマサンバ サンマサンバ サバも サンバ … サンマサンバ

5〜11と同じ。

19 ウ！

右手の指を3本立てて上に伸ばし、ジャンプする。

間奏 **20**

5の2つ目のポーズでリズムをとったあと、4と同様に。

21 たのしい うみの カーニバル

12と同様に。

2番 **22** イルカの ジャンプ

伸ばした両腕で前にアーチをつくる。

23 ジャバジャバ ジャバーン

そのまま2回軽くジャンプして、「♪ジャバーン」で上に大きくジャンプ。

24 ゆかいな うみの カーニバル

12と同様に。

25 クジラの シャワー

両腕を左右に大きく広げてから、胸の前で手のひらを合わせる。

26 プシュー プシュー

そのまま両手を左右に大きく開きながら上へ伸ばし、真上にジャンプ。2回くり返す。

（※2くり返し部分共通）
27 サンマサンバ サンマサンバ タコも サンバ … サンマサンバ

5〜11と同じ。

28 ウ！

19と同じ。

間奏 **29** 48呼間

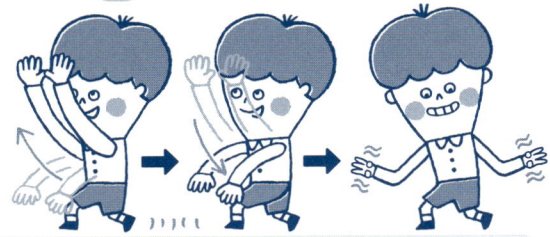

12と同様にしたあと、右足を前に出し、腰の横の辺りで両手を前後に動かす。次に、左足を前に出し同様に。12からの動きをくり返す。次に1〜4と同様に。

運動会・夏祭り・発表会

3歳児〜 トラック36 わんぱく戦隊★アソブンジャー

1.
わんぱくせんたい　アソブンジャー
どろんこ　びしょぬれ　アソブンジャー
きょうも　いっぱい　アソブンジャー
「わんぱくせんたい　アソブンジャー！」
ザリガニ　つったぞ　ブイサイン
トンネル　ほれたよ　みず　ながそう
なげて　はしって　ジャンプして
ゴール　きめて　ガッツポーズ（オー）
※わんぱくせんたい　アソブンジャー
　どろんこ　びしょぬれ　アソブンジャー
　みんな　あつまれ　へんしんだ
　わんぱくせんたい　アソブンジャー
　モリモリ　たべたら　アソブンジャー
　パワー　ぜんかい　さぁ　レッツ　ゴー

きょうも　いっぱい　アソブンジャー
ブンジャー

2.
かけっこ　しょうぶだ　まけないぞ
いっしょに　つくろう　ひみつきち
はだしに　なって　あせ　かいて
そらを　みあげて　ガッツポーズ（オー）
わんぱくせんたい　アソブンジャー
ころんで　ないても　アソブンジャー
みんな　あつまれ　へんしんだ
わんぱくせんたい　アソブンジャー
けんかも　するけど　アソブンジャー
パワー　ぜんかい　さぁ　レッツ　ゴー

あしたも　いっぱい　アソブンジャー
ブンジャー
※くり返し
きょうも　いっぱい　アソブンジャー
アソブンジャー　アソブンジャー
ブンジャー

カツリキ先生より

ヒーローのような振りつけが楽しい楽曲です。かっこよく、みんなで元気いっぱいに歌って踊りましょう！

運動会・夏祭り・発表会

わんぱく戦隊★アソブンジャー

はしって ジャンプ して ー ゴール きめて ガッツ ポー
に なって あせ かいて ー そらを みあげて ガッツ ポー

ズ （オー） わん ぱく せん たい ア ソブー ンジャー
ズ （オー） わん ぱく せん たい ア ソブー ンジャー

どろん こ びしょ ぬれ ア ソブー ンジャー みんな あつ まれ
ころん で ないても ア ソブー ンジャー みんな あつ まれ

へん しん だ ー わん ぱく せん たい ア ソブー ンジャー
へん しん だ ー わん ぱく せん たい ア ソブー ンジャー

モリモリ たべたら ア ソブー ンジャー パワー ぜん かい
けんか も するけど ア ソブー ンジャー パワー ぜん かい

さぁ レッツ ゴー きょう も いっぱい ー アソブ ンジャー
さぁ レッツ ゴー あした も いっぱい ー アソブ ンジャー

ー ブン ジャー ー ブン ジャー D.S.

Coda

ー アソブ ンジャー ー アソブ ンジャー ー ブン ジャー

運動会・夏祭り・発表会

わんぱく戦隊★アソブンジャー

1番

1 わんぱく → **せんたい** → **アソ** → **ブンジャー**

力こぶのポーズをする。 / 両手はグーのまま両わきを締める / 力こぶのポーズをする。 / 片方のこぶしを上げる。

2 どろんこびしょぬれアソブンジャー　**3 きょうもいっぱい**　**4 アソブンジャー「わんぱくせんたいアソブンジャー！」**　**5 ザリガニ**

1と同様に。 / 両腕を大きくまわして、腰に手を当てる。 / 片方のこぶしを上げる。 / 右手、右足を横に出して戻す。

6 つったぞ　**7 ブイサイン**　**8 トンネル**　**9 ほれたよ**　**10 みずながそう**

左手、左足も同様に。 / 5 6と同様に。 / 右手を波のように上下させながら、左側へ動かす。 / 左手で8と同様に、逆側へ。 / 8 9と同様に。

わんぱく戦隊★アソブンジャー

11 なげて はしって ジャンプして

両隣の子どもと手を合わせる。

12 ゴール きめて

右手で空を指さす。

13 ガッツポーズ （オー）

右手をグーにしてわきを締めたあと、こぶしを上げる。

14 わんぱくせんたい アソブンジャー どろんこ びしょぬれ アソブンジャー

1を2回くり返す。

15 みんな あつまれ

両手を上げ、大きく広げる。

16 へんしんだ

自由に変身のポーズをする。

17 わんぱくせんたい アソブンジャー モリモリ たべたら アソブンジャー

1を2回くり返す。

18 パワー ぜんかい さぁ レッツ ゴー

15 16と同様に。

19 きょうも いっぱい アソブンジャー

3 4と同様に。

20 ブンジャー

ピースサインをおでこにつけたあと、腕を伸ばして決めポーズ。

2番 21

1番の 5〜20と同様に。

運動会・夏祭り・発表会

きょうりゅうダンス

3歳児〜
トラック37

1.
するどく とがった きばを もつ
にくしょく きょうりゅう あらわれた
つめ たてて ほえる ギャオー ギャオー
ピンクの しっぽを ふりながら
おしゃれな きょうりゅう やってきた
かわいく ハイ ポーズ ニコッ ニコッ
かざんが ひを ふく ドドカーン
さあ さあ おどろうよ オー
※きょうりゅうダンスで ガオガオガー
　きょうりゅうダンスで ガオガオガー
　おたけびを あげて ウォーウォー
　ウォーウォー
　きょうりゅうダンスで ガオガオガー
　きょうりゅうダンスで ガオガオガー
　だいちを ゆらして ウォーウォー ウォー
　きょうりゅうダンスで ガオー ガオ

2.
ながくて りっぱな くびを もつ
きょだいな きょうりゅう あらわれた
じひびきを たてる ドスン ドスン
きのみと はっぱが だいすきな
そうしょく きょうりゅう やってきた
のんびりと たべる ムシャ ムシャ
かざんが ひを ふく ドドカーン
みんなで おどろうよ オー
※2回くり返し

カツリキ先生より

勢いのある動きが多いので、5歳児にもぴったり。サビの部分はとても盛り上がるので、恐竜になりきって楽しんで！「♪ギャオー」「♪ニコッ」「♪ドスン」「♪ムシャ」のところは、元気にかけ声を入れてみてね。

きょうりゅうダンス

わいくハイポーズ　ニコッムシャ　ニコッムシャ
のんびりとたべる

かざんが　ひをふく　ドドカーン　さあさあ／みんなで　おどろうよ　オー

きょうりゅうダンスで　ガオガオガー　きょうりゅうダンスで

ガオガオガー　おたけびを　あげて　ウォー　ウォー

ウォー　ウォー　きょうりゅうダンスで　ガオガオガー

きょうりゅうダンスで　ガオガオガー　だいちを　ゆーらして　ウォー　ウォー

ウォー　きょうりゅうダンスで　ガオ　ガ

1. オ
2. オ　D.S.

Coda
オ

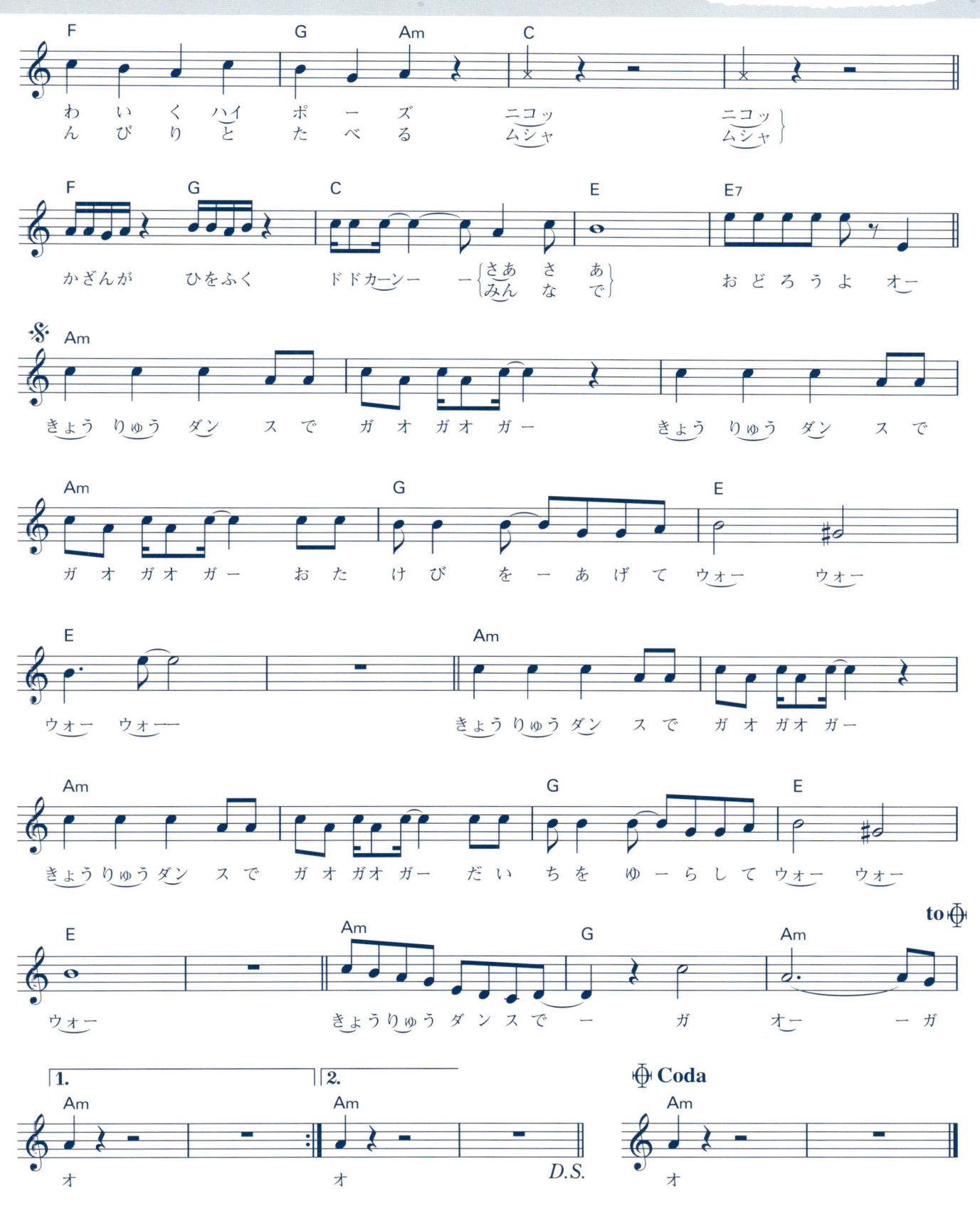

運動会・夏祭り・発表会

きょうりゅうダンス

前奏 ①

つめを立てた恐竜のような手をつくり、右・左・右の順で、横に向かって手を上げる（4拍ずつ）。

リズムに合わせて3回太ももをたたく。ひじを曲げ、両手をグーにして、わきを締める。

1番 ② するどく とがった

両手のひとさし指で右下を指しながら、右横に2歩進む。

③ きばを もつ

②と同様に左側へ。

④ にくしょく

右手で力こぶのポーズ。

⑤ きょうりゅう

左手も同様に。

⑥ あらわれ た

グーにした手を前で交差させ、かがむ。体を起こして、両手をパーに開く。

⑦ つめ たてて ほえる

つめを立てた恐竜のような手をつくり、「♪つめたてて」で右手右足、左手左足をそろえ1歩ずつ進む。「♪ほえる」で右手右足、左手左足の順で後ろに下がる。

⑧ ギャオー ギャオー

右足を上げ、両手のつめを立て上から振り下ろすイメージで広げ、後ろに体重をかける。左足も同様に。

⑨ ピンクの しっぽを ふりながら

両手を腰の後ろで組み、右横に2歩進む。次に左横に2歩進む。

⑩ おしゃれな きょうりゅう

左手は腰に当て、右手は右目の近くで斜めピース。手を逆にして同様に。

⑪ やって きた

⑥と同様に。

運動会・夏祭り・発表会

きょうりゅうダンス

12 かわいく ハイ ポーズ

右手は頭の後ろに、左手は腰に当てる。手を逆にして同様に（交互に2回ずつ）。

13 ニコッ ニコッ

両ひとさし指をほおに当て、右に体を傾ける。同じ動作で、左に同様に。

14 かざんが ひを ふく ドドカーン

♪かざんが　♪ひをふく　♪ドドカーン

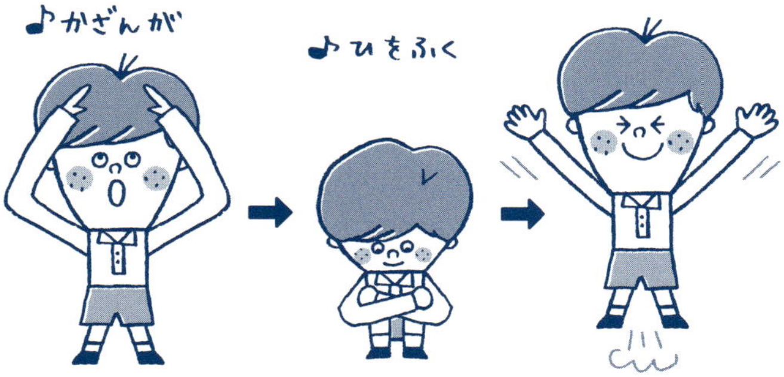

頭の上に、手で山の形をつくる。

両手を胸の前で交差させてしゃがむ。

両手両足を広げてジャンプ。

15 さあ さあ　おどろうよ　オー

両手を前に出し、おいでおいでの動きを2回行う。

リズムに合わせて太ももを3回たたく。

「♪オー」で 1 の最後のポーズ。

16 きょうりゅうダンスで　ガオガオ　ガー

1 の2番目の手の動きで右足を上げる。左足も同様に。

体の前で、つめをたてた恐竜のような手を交互に上げ下げする。

「♪ガー」で右手を上げ、いっしょに左足を斜め後ろに上げる。

17 おたけびを あげて

16 の手のまま、右足から前に4歩進む。

きょうりゅうダンス

18 ウォー　ウォー　ウォー　ウォー　**間奏19**　**20** きょうりゅうダンスでガオガオガー×2

♪ウォー　♪ウォー　♪ウォー　♪ウォー

両手のひじから先を下げ、上体を倒しながらかがむ。

体を起こし、指を広げて恐竜のような手を前に出す。

両手を広げ、その場でジャンプ。

ひじを曲げ、両手をグーにして、ひざを2回曲げる。

16と同様に。

21 だいちをゆらして　**22** ウォーウォーウォー　**間奏23**　**24** きょうりゅうダンスで　**25** ガ　オー

♪ガ　♪オー

つめを立てた恐竜のような手で、右足から後ろに4歩下がる。

18の3つ目までの動きと同様に。

かいぐりをしながら、しゃがんで中腰になる。

両手を開き、右に一回転する。

手を交差させてしゃがんだあと、立ち上がって手を上げる。

26 ガ　オ　**2番27** ながくて　りっぱな　くびを　もつ　**28** きょだいなきょうりゅう

♪ガ　♪オ

25で上げた手を顔の前に下げる。

顔を両手からのぞかせ、左足で床を6回ふむ。

左手は横斜めに下げ、右手は恐竜の首のように伸び縮みさせながら右横に2歩進む。手を逆にして、左横に2歩進む。

右手、左手の順に手を広げて上げる。

きょうりゅうダンス

29 あらわれた　**30** じひびきをたてる　**31** ドスンドスン　**32** きのみとはっぱがだいすきな　**33** そうしょくきょうりゅう

| 6と同様に。 | ひざに手を当て、右足、左足の順に前に出たら、右足、左足の順で後ろに下がる。 | 右足を上げ、振り下ろす。左足も同様に。 | 左手を腰に当て、右手を広げて横に出し、右横に2歩進む。手を逆にして左横に2歩進む。 | 腰を曲げながら体を後ろに引く。両手を前に出して胸もとに戻すように2回引く。 |

34 やってきた　**35** のんびりとたべる　**36** ムシャムシャ　**37** かざんがひを ふく…ガオーガオ　**後奏 38**

| 6と同様に。 | 両手首を合わせて開いたり閉じたりしながら、右から左へ。 | 両腕を大きな口にみたてて、好きな方向に開いたり閉じたりする。 | 14〜18、20〜26と同様に。 | 26のポーズで左足で床を4回ふみ、両手を上げてすばやく右に向き、指を広げて恐竜のような手をつくって1の2つ目の決めポーズ。 |

もっと楽しい ワクワクアイデア

恐竜の衣装で迫力アップ！

お面や衣装を身に着けてダンスをすれば、迫力のある恐竜気分に！　肉食恐竜、草食恐竜、首長の巨大恐竜、空を飛ぶ恐竜、かわいい女の子恐竜など、選べるようにすると子どもたちも喜ぶよ。

運動会・夏祭り・発表会

ワイワイうんどうかい

2歳児〜 トラック38

1.
おひさま ピカピカ げんきが もりもり
キラキラゴールへ さあ よーい ドン
おしりを フリフリ かたあしバランス
くるくる まわって
かけあし ダッシュだ せーの オー!
※ワイワイワイワイ うんどうかい
　ワクワクワクワク うんどうかい
　ワイワイワイワイ うんどうかい
　さあ みんなで ゴーゴゴー

2.
こころが ウキウキ ちょっぴり ドキドキ
にこにこパワーで エイ エーイ オー
おなかを ドンドコ ひこうきポーズ
スイスイ およいで ロケット はっしゃだ
せーの オー!
※2回くり返し

カツリキ先生より

子どもたちが待ちに待った運動会! 元気いっぱいの曲に合わせた、楽しい振りつけで盛り上がりましょう。

運動会・夏祭り・発表会

D.S. al Fine

ワイワイうんどうかい

1番

1 おひ さま ピカ ピカ

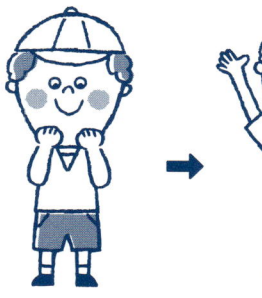

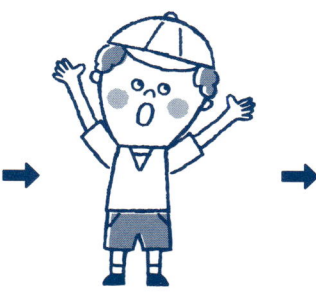

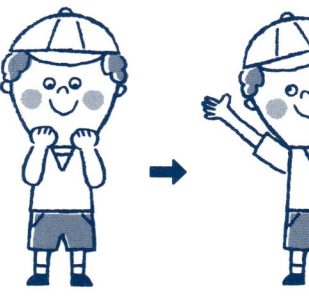

2 げんきが もりもり

胸の前で両手をグーにし、左側に体を曲げながら両手を上に広げる。

次に同様にして右上へ。

力こぶのポーズをしながら、左足を前へふみだして戻る。次に右足も同様に。

3 キラキラゴールへ

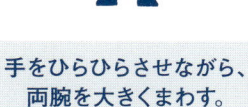

手をひらひらさせながら、両腕を大きくまわす。

4 さあ よーい ドン

右手のわきをぎゅっと締めて上下に動かし、「♪ドン」でこぶしを上げる。

5 おしりを フリフリ

腰に手を当てて、おしりを左右に振る。

6 かたあし バランス

片足を上げ、両手を広げてバランスをとる。

7 くるくる まわって

腕を振りながら、その場で1周。

8 かけあし ダッシュだ

その場でかけ足。

ワイワイうんどうかい

9 せーの オー！

こぶしを上げる。

10 ワイワイワイワイ

胸の前で両手をグーにしてから、両手を上に広げる動きを2回。

11 うんどうかい

両腕を大きくまわして、力こぶのポーズ。

12 ワクワクワクワク

両腕を曲げ、わきを締める動きを2回。

13 うんどうかい

11と同様に。

14 ワイワイワイワイうんどうかい

10 11と同様に。

15 さあみんなで

片手のわきをぎゅっと締めて上下に動かす。

16 ゴーゴゴー

こぶしを上げる。

2番 17 こころが ウキウキ

胸の前で両手をグーにしながら、左足を後ろへ上げる。次に右足も同様に。

18 ちょっぴりドキドキ

手のひらを胸に当てながら、左足を前へふみだして戻る。次に右足も同様に。

19 にこにこパワーで

両手のひとさし指をほおに当て、左右に揺れる。

ワイワイうんどうかい

20 エイ エーイ オー

片手のわきをぎゅっと締めて上下に動かしたあと、「♪オー」でこぶしを上げる。

21 おなかをドンドコ

グーの手で、おなかを交互に軽くたたく。

22 ひこうきポーズ

片足を後ろに上げ、両手を広げてバランスをとる。

23 スイスイ およいで

両手で平泳ぎの動きを2回。

24 ロケット はっしゃだ

両手を頭の上で合わせ、「♪だ」に合わせて大きくジャンプ。

25 ワイワイ ワイワイ うんどうかい… みんなで ゴーゴゴー

10～16と同様の動きを2回する。

運動会・夏祭り・発表会

もっと楽しいワクワクアイデア

みんなの気持ちがひとつになる瞬間をつくろう!

運動会のテーマソングにぴったりのこの曲を踊ったあと、後奏の最後に、全員で「オー!」とこぶしを突き上げてジャンプ! みんなの気持ちがひとつになって盛り上がりますよ。

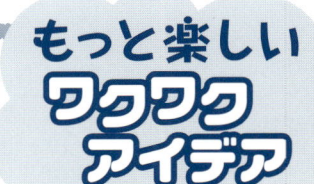

125

フルフルフルーツ

2歳児〜 トラック39

1.
フルフルフルーツ フフフフー
フルフルフルーツ
みかん いちご ゴーゴー
ぶどう りんご ゴーゴー
バナナ マンゴー ゴーゴー
フルーツダンス ゴーゴー
※フルフルフルーツ もりだくさん
　みんなで ならんで うれしいな
　フルフルフルーツ フフフフー
　フルフルフルーツ

2.
ピーチ キウイ ウイウイ
スイカ パイナップル プルプル
メロン パパイヤ イヤイヤ
フルーツダンス ルンルン
フルフルフルーツ だいしゅうごう
みんなで おどって たのしいな
フルフルフルーツ フフフフー
フルフルフルーツ
※くり返し
フルフルフルーツ フフフフー
フルフルフルーツ

カツリキ先生より

低年齢児にもぴったりの、南国ムードたっぷりのダンスです。甘くておいしいフルーツをイメージしながら、おしりや手をかわいらしく、ふりふりしてね。

運動会・夏祭り・発表会

フルフルフルーツ

フルフルフルーツ

前奏 1

左手を腰に当て、右手をひらひらさせながら左にまわる。

手を入れ替えて右にまわる。

1番 2 フルフルフルーツ フフフフー

開いた両手を顔の前に出し、体を左右に揺らす。

3 フルフルフルーツ

2の動きを続け、歌詞の「♪ツ」のところで、顔の下で両手を双葉の形にし、体を前にかがめる。

間奏 4

1と同様に。

5 みかん いちご

両手をグーにして、両わきを締めリズムにのる。

6 ゴーゴー

左手を腰に当て、右のこぶしを2回突き上げる。

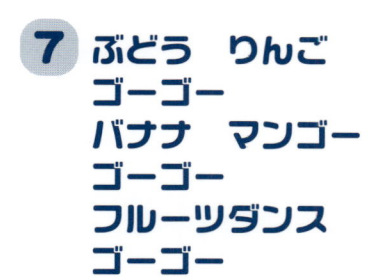

7 ぶどう　りんご
ゴーゴー
バナナ　マンゴー
ゴーゴー
フルーツダンス
ゴーゴー

5 6と同様に3回くり返す。

8 フルフルフルーツ

両手を腰に当て、おしりを左右に振る。

9 もりだく　　さん

♪もりだく　　♪さん

胸の前で交差した両手を上に向かって大きく広げる。

手を下ろして胸の前で交差させ、頭を右に傾け、右足を右斜め前に出す。

運動会・夏祭り・発表会

128

フルフルフルーツ

10 みんなで ならんで

8と同様に。

11 うれしい な

手拍子を4回する。　両手を上に広げる。

12 フルフル フルーツ フフフフー フルフル フルーツ

2 3と同様に。

間奏 13

1と同様に。

2番 14 ピーチ キウイ

5と同様に。

15 ウイウイ

右足を前に出し、腰の横の辺りで両手を前後に動かす。

16 スイカ パイナップル

5と同様に。

17 プルプル

グーにした両手をほおの前でグルグルする。

18 メロン パパイヤ

5と同様に。

---

19 イヤイヤ

グーにした両手がわきの辺りになるよう腕を曲げ、いやいやをするようにひじを交互に引く。

20 フルーツ ダンス

5と同様に。

21 ルンルン

グーにした両手をあごの下に当て、右側に頭を傾ける。

22 フルフル フルーツ だいしゅうごう … フルフルフルーツ フフフフー フルフルフルーツ

8～11、2～3と同様に。歌詞に合わせて、くり返す。

後奏 23

1と同様にしたあと、3の動きで決めポーズ。

運動会・夏祭り・発表会

いちごひめ

2歳児～
トラック40

1.
はっぱの ドレスを きて
おはなの かんむり つけて
おうじさまと おどるのよ
わたし わたし いちごひめ
ケーキの うえで かがやくの
ルルルラララ いちごひめ
ケーキの うえで おどりたい

2.
きのみの バッグを もって
ちょうちょの リボンを つけて
ことりたちと おでかけよ
わたし わたし いちごひめ
ケーキの うえで きらめくの
ルルルラララ いちごひめ
ケーキの うえで うたいたい

カツリキ先生より

ワルツのリズムで、いちごひめがかわいく踊る、乙女チックなダンス曲。リズムに合わせ左右に揺れているだけでも、温かい気持ちになれます。

いちごひめ

わたし わたし いちごひめ

ケーキの うえで {かがやく の / きらめく の}

ルル ラララ いちごひめ ケーキの

うえで {おどりたい / うたいたい}

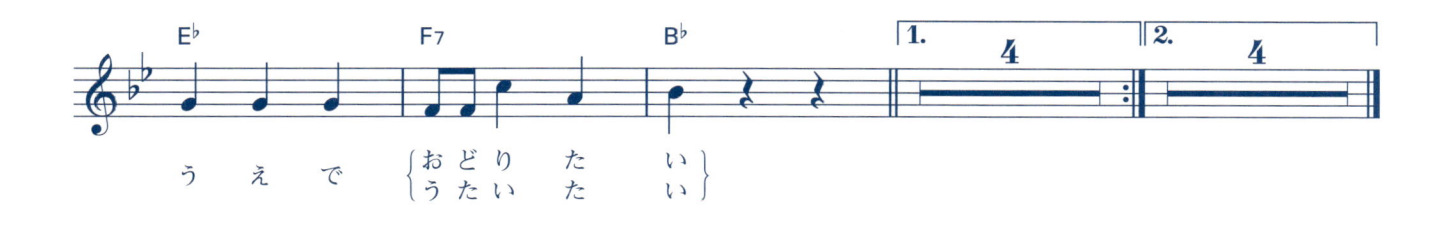

もっと楽しい ワクワクアイデア

かわいい衣装で、お姫様気分を高めよう！

発表会などで、お姫様風の衣装を着て踊ると、とってもかわいいです。子どもたちのモチベーションもアップしますよ。

いちごひめ

前奏 1 
両腕を後ろで組んでリズムに合わせ、左右に揺れる。

1番 2 はっぱの　ドレスを 
両手のひらを上に、体の前で交差させた両手を左右に開く。

3 きて 
そのまま左右に揺れる。

4 おはなの　かんむり 
そのまま両手を上げ、頭の上で手首を合わせて、指をふんわり花のように開く。

5 つけて 
そのまま左右に揺れる。

6 おうじ　さまと 
胸の前で、両手の指先を合わせてハート形をつくり、右足をふみだす。

ハート形にした手を少し上げながら、左足を後ろに跳ね上げる。

7 おどる　のよ 
足を逆に替えて同様に。

いちごひめ

8 わたし　　わたし
右手を胸に置く。　左手を交差させて置く。

9 いちごひ　　め
両手を左右に開きながら上へ、同時に右足を前に上げる。

「♪め」で両手のひとさし指をそれぞれほおにつけ、右足のかかとを床につける。

10 ケーキの　　うえで
胸の前で両手をグーの形にしてわきを締める。

両手を開き、上に伸ばす。

11 かがやくの
両手をひらひらさせながら頭の上から下ろす。

12 ルルル　　ラララ
手のひらを上にした右手を、胸の前から右側に広げる。

左手も同様に。

13 いちごひめ
9と同様に。

14 ケーキの　うえで
10と同様に。

運動会・夏祭り・発表会

いちごひめ

15 おどりた / い

両腕を下ろしながら体の前で内側から外側へひとまわりさせる。

「♪い」で両手を顔の横で止め、首を右に傾け、右足のかかとを床につける。

間奏 16

1と同様に。

2番 17 きのみの バッグを

両手の指先を合わせてどんぐりの形をつくる。

18 もって

そのまま左右に揺れる。

19 ちょうちょの リボンを

手のひらを上にして、両手を左右から頭の上に上げて、親指を交差させ、指先をちょうちょうのようにひらひらさせる。

20 つけて

そのまま左右に揺れる。

いちごひめ

21 ことりたちと

両腕を羽のように上下に動かしながら、右足をふみだし、左足を右足にそろえる。

22 おでかけよ

21と同様に腕を動かしながら左足をふみだし、右足を左足にそろえる。

**23 わたし わたし いちごひめ
ケーキの うえで きらめくの
ルルル ラララ いちごひめ
ケーキの うえで**

8〜14と同様に。

24 うたいたい

ヤッホーをするように口の横に両手を添え、左右に揺れる。

後奏 25

首を傾けて、顔の横で両手の指を組み、右左右に揺れる。

26

4小節目の1拍目で、口を隠すように両手で押さえる。
4小節目の2拍目で、手を開いて投げキッスのしぐさ。

運動会・夏祭り・発表会

コケッコーダンス

2歳児〜　トラック41

たまご　コロコロリン　パカッと　われたら
ひよこが　ピヨピヨ　おおきく　なって　とさかが　はえた
コケッコー　コケッコー　コケッコー　コケッコー
パタパタパタ　パタパタパタ　パタパタパタ　パタパタパタ
コケッコー　コケッコー　コケッコー　コケッコー
パタパタパタ　パタパタパタ　パタパタパタ　パタパタパタ
パタパタパタ　パタパタパタ　パタパタパタ　パタパタパタ
パタ　コケッコー　コケッコーダンス

カツリキ先生より

たまごのときはゆっくりのんびり。パカッと割れたら、さぁたいへん。テンポの速いコケッコーダンスのはじまりです！　なかでも「♪コケッコー」「♪パタパタ」と激しく踊るところは、とても盛り上がります。振りつけが簡単なので低年齢児でも踊れて、親子ダンスにもぴったり。

運動会・夏祭り・発表会

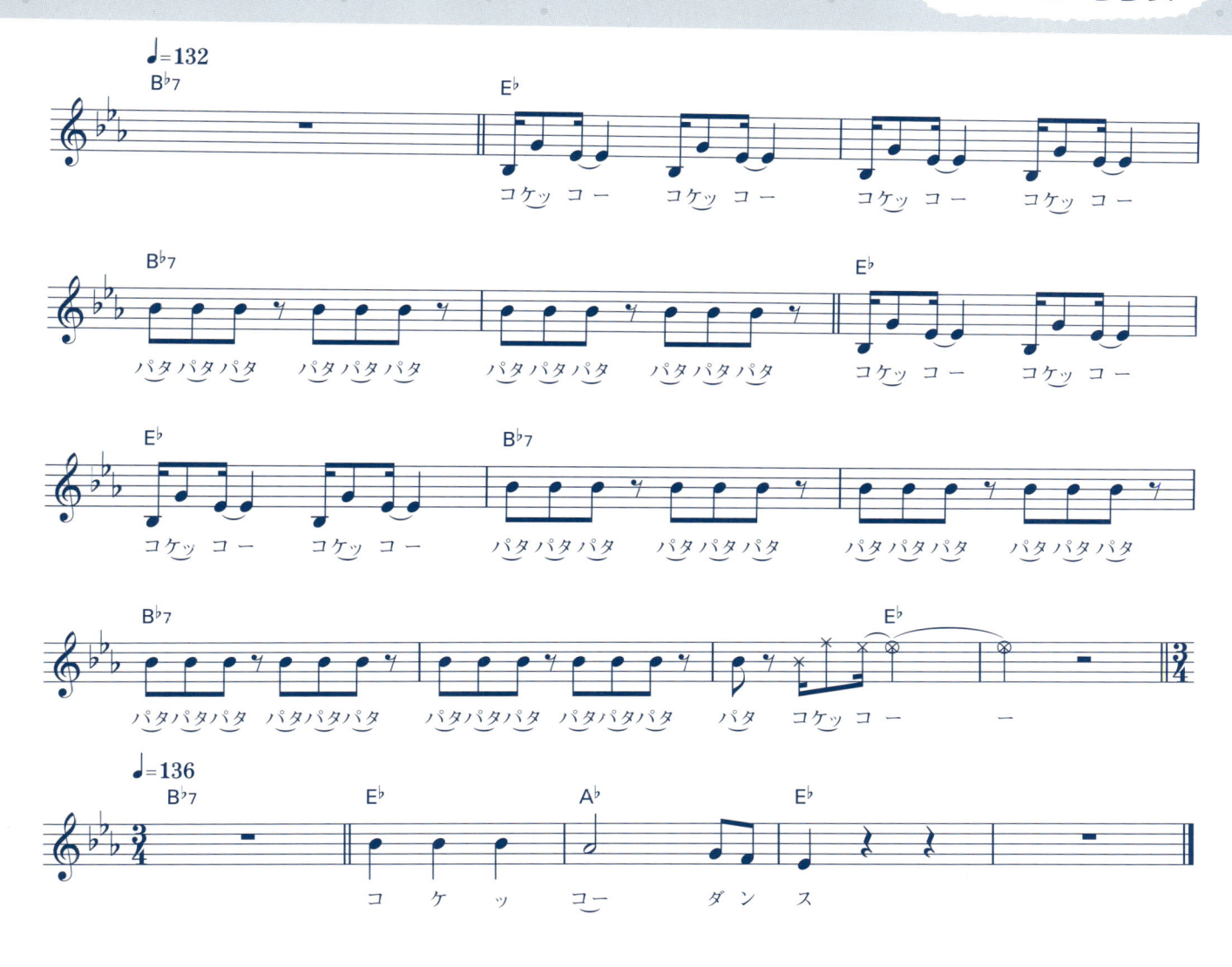

コケッコーダンス

♩=132

コケッ コー　コケッ コー　コケッ コー　コケッ コー

パタパタパタ　パタパタパタ　パタパタパタ　パタパタパタ　コケッ コー　コケッ コー

コケッ コー　コケッ コー　パタパタパタ　パタパタパタ　パタパタパタ　パタパタパタ

パタパタパタ　パタパタパタ　パタパタパタ　パタパタパタ　パタ　コケッ コー ー

♩=136

コ　ケッ　コー　ダ　ン　ス

1　たまご　コロコロリン

両ひざを抱えてしゃがみ、左右に揺れる。

2　パカッと　われたら

しゃがんだまま、両手を大きく広げる。

3　ひよこが　ピヨピヨ

ひざを曲げ、顔の前で両手を上下に合わせてくちばしをつくり、おしりを左右に振る。

運動会・夏祭り・発表会

コケッコーダンス

4 おおきくなって 
立ち上がって両手を左右に広げる。

5 とさかが はえた 
頭の上で両手の指先を合わせて、とさかをつくる。

6 コケッコー×4 
右ひじを曲げ、右手首を前に突くように出し、左手の甲を右ひじの下につける。左ひざを曲げ、リズムに合わせて右足を一歩前に4回ふみ込む。

7 パタパタパタ×4 
その場でジャンプをしながら両腕を羽のように上下に動かす。4回くり返す。

8 コケッコー×4 
6と同様に。

9 パタパタパタ×8　パタ 
7と同じ動きをしながら、ジャンプのあいだに1回転する。

10 コケッコー 
6と同様に。

11 コケッコーダン 
右を向きながら**6**のポーズを決め、左足を後ろに伸ばす。

12 ス
そのまま伸ばした左足のつま先を下につける。

曲の終わりに、右手を少し顔に引きつけてから、顔だけ正面に向ける。

ほっとソング

卒園式や発表会でうたいたい、
ほっと心が温まるメッセージソング。
みんなで心をひとつにしてうたった
思い出は、きっと子どもたちの胸に
刻まれることでしょう。

もうすぐピカピカ一年生

トラック42

作詞／みね かつまさ　作曲／岡田リキオ　ピアノ編曲／前北真紀

1.
さくらの　つぼみが　ふくらんだ
こころも　わくわく　ふくらむよ
ふでばこ　えんぴつ　うれしいな
せなかに　おおきな　ランドセル
※もうすぐ　ピカピカ　いちねんせい
　たくさんの　おもいでを　ぎゅっと　だいて
　もうすぐ　ピカピカ　いちねんせい
　たくさん　ともだち　つくるんだ

2.
つくしが　ぐんぐん　のびて　きた
ぼくらも　おおきく　なったでしょう
こくごや　さんすう　できるかな
きゅうしょく　はやく　たべたいな
もうすぐ　ピカピカ　いちねんせい
たくさんの　おもいでを　パワーに　かえて
もうすぐ　ピカピカ　いちねんせい
なんでも　チャレンジ　したいんだ
※くり返し
もうすぐ　ピカピカ　いちねんせい

カツリキ先生より

卒園を控えて、小学校への期待がふくらむ時期。いっしょに思い出をつくった友だちとともに1年生になるという心強さを胸に、元気に合唱しましょう。

もうすぐピカピカ一年生

夢がいっぱい

トラック43

作詞／みね かつまさ　作曲／岡田リキオ　ピアノ編曲／前北真紀

1.
もりで　かわいい　ようせいに　であったよ
なないろに　ひかる　さかな　つったよ
もこもこぐもの　うえに　ある
おおきな　おしろに
さあ　レッツ　ゴー　レッツ　ゴー
ゆめが　いっぱい　えがお　いっぱい
みんなで　しゅっぱつだ
ドキドキ　ワクワクが　とまらない
ゆめが　いっぱい　えがお　いっぱい
みんなで　とびまわれ
つばさ　ひろげて　もっと　もっと　とびまわれ

2.
すなばで　キラキラの　ほうせき　みつけたよ
なないっぽん　つのが　ある　カブトムシ　とったよ
ゆらゆら　ゆれる　オーロラを
こえて　うちゅうへ
さあ　レッツゴー　レッツ　ゴー
ゆめが　いっぱい　えがお　いっぱい
みんなで　ぼうけんだ
ドキドキ　ワクワクが　とまらない
ゆめが　いっぱい　えがお　いっぱい
みんなで　かけまわれ
だいちを　けって　もっと　もっと　かけまわれ
てを　つないで　そら　みあげ　うたったら
にじの　はし　かかるよ
ゆめが　いっぱい　えがお　いっぱい
みんなで　しゅっぱつだ
ドキドキ　ワクワクが　とまらない
ゆめが　いっぱい　えがお　いっぱい
みんなで　とびまわれ
つばさ　ひろげて　もっと　もっと
とびまわれ

カツリキ先生より

きれいなメロディーと夢のある歌詞が大人気の一曲。みんなで歌うと不思議と笑顔になれます。発表会や卒園式などで、気持ちをひとつにして歌ってみてください。子どもたちの姿に、きっと感動しますよ。

ほっとソング

夢がいっぱい

夢がいっぱい

※開封する前に5ページを必ずお読みください。

PriPri ブックス　保育の現場から生まれた！
カツリキのうたあそび＆運動会ダンス　CDつき

●イラスト
　ユカリンゴ
●表紙・レーベルデザイン
　＋＋＋野田由美子
●本文デザイン
　茂原敬子
●写真
　磯崎威志

●楽譜浄書
　クラフトーン
●編集協力
　小暮通誉
●企画編集
　野見山朋子　川島 茜

発行日	2014年3月1日　　初版第1刷発行	校正	株式会社円水社
	2022年12月25日　　第11刷発行	DTP製作	株式会社明昌堂
著者	みね かつまさ　岡田リキオ	印刷・製本	図書印刷株式会社
発行者	大村 牧		
発行	株式会社世界文化ワンダークリエイト		
発行・発売	株式会社世界文化社		
	〒102-8192		
	東京都千代田区九段北 4-2-29		
電話	03-3262-5474（編集部）		
	03-3262-5115（販売部）		

©Sekaibunka Holdings,2014.Printed in Japan.
ISBN 978-4-418-14800-4
無断転載・複写（コピー、スキャン、デジタル化等）を禁じます。
本書を代行業者等の第三者に依頼して複製する行為は、
たとえ個人や家庭内での利用であっても認められていません。
定価はカバーに表示してあります。
落丁・乱丁のある場合はお取り替えいたします。
本書に付属しているCD-ROMについて、図書館からの無料貸し出し
は差し支えありません。（必ず本とセットにしてご対応ください）

夢がいっぱい

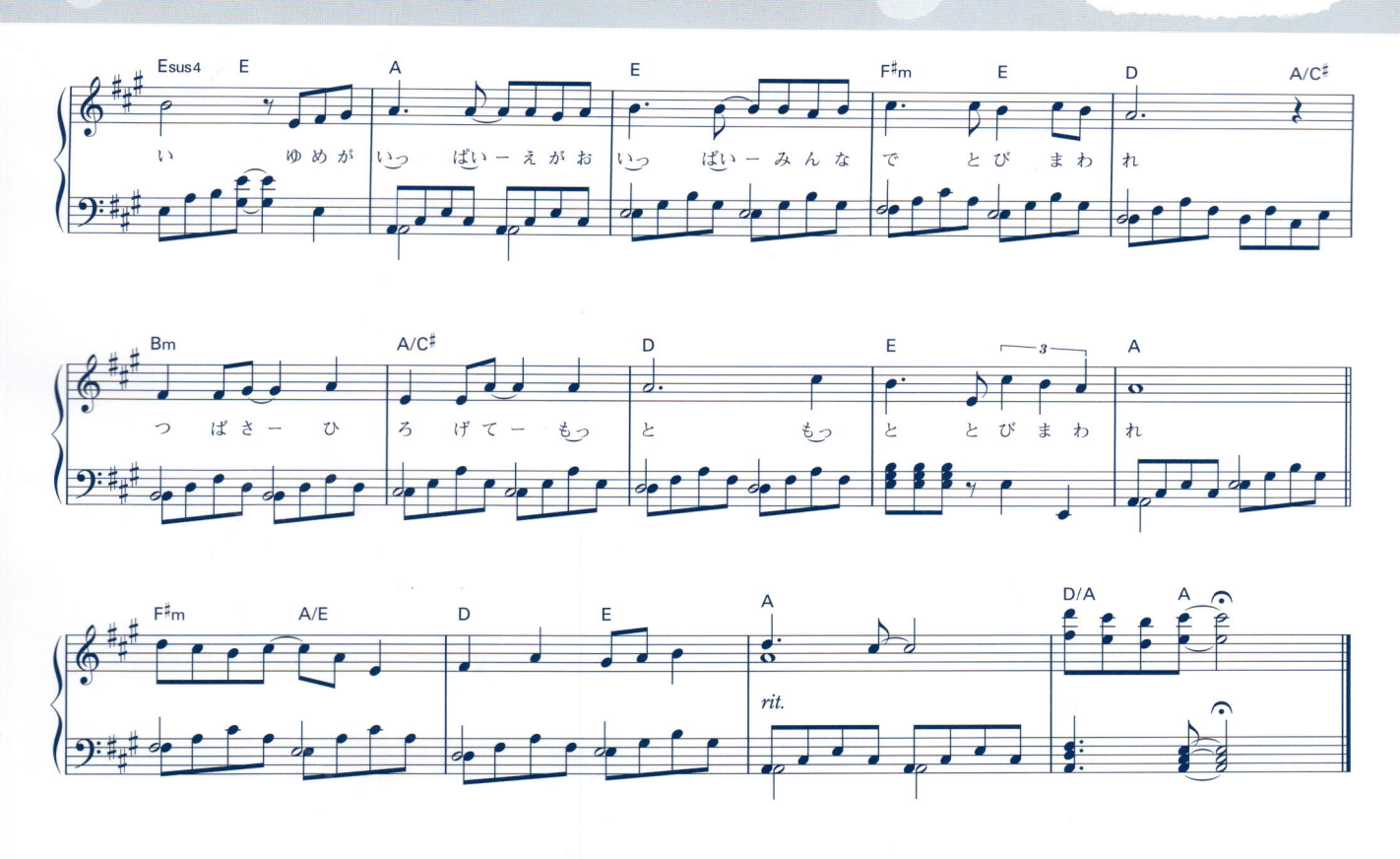

い ゆめが いっぱい えがお いっぱい みんなで とびまわれ
つばさー ひろげてー もっと もっと とびまわれ